HOTEL
Gestão Competitiva no Século XXI

Ferramentas Práticas de Gerenciamento Aplicadas a Hotelaria

* Satisfação e Fidelidade de Clientes
* Gestão de Pessoas
* Sistema de Gestão Ambiental ISO 14001
* A Nova ISO 9001:2000
* Vendas e Internet
* A Nova Classificação Hoteleira ABIH/Embratur

RENATO RICCI

HOTEL

Gestão Competitiva no Século XXI

Ferramentas Práticas de Gerenciamento Aplicadas a Hotelaria

Copyright© 2002 by Renato Ricci

Todos os direitos desta edição reservados à Qualitymark Editora Ltda.
É proibida a duplicação ou reprodução deste volume, ou parte do mesmo,
sob qualquer meio, sem autorização expressa da Editora.

Direção Editorial SAIDUL RAHMAN MAHOMED editor@qualitymark.com.br	Produção Editorial EQUIPE QUALITYMARK
Capa WILSON COTRIM	Editoração Eletrônica GRAFIC COMPUTAÇÃO GRÁFICA LTDA
1ª EDIÇÃO: 2002	1ª REIMPRESSÃO: 2005

CIP-Brasil. Catalogação-na-fonte
Sindicato Nacional dos Editores de Livros, RJ

R379h

    Ricci, Renato, 1962-

        Hotel: gestão competitiva no século XXI: ferramentas práticas de gerenciamento aplicadas a hotelaria / Renato Ricci. – Rio de Janeiro : Qualitymark, Ed., 2002.

        192p.

    Inclui bibliografia
    ISBN 85-7303-321-5

        1. Hotéis, pesões, etc. – Administração.

I. Título.

01-1642.   CDD 647.94068
                                                                                               CDU 640.41

2005
IMPRESSO NO BRASIL

Qualitymark Editora Ltda. Rua Teixeira Júnior, 441 São Cristóvão 20921-400 – Rio de Janeiro – RJ Tel.: (0XX21) 3860-8422	Fax: (0XX21) 3860-8424 www.qualitymark.com.br E-Mail: quality@qualitymark.com.br QualityPhone: 0800-263311

DEDICATÓRIA

*Vavá,
Esse é exclusivo pra você, tá!
Um grande beijo.*

Renato Ricci

AGRADECIMENTOS

A toda a equipe que auxiliou nas diversas pesquisas e na revisão conceitual do trabalho.
Especial agradecimento ao talentoso Fabio Sabion, que criou com muito humor as ilustrações internas do livro.

SUMÁRIO

INTRODUÇÃO 1
O DESAFIO DO ATENDIMENTO AO CLIENTE 3
   O Dilema das Taxas de Ocupação e da Qualidade Ofertada 13
   Sugestões Para Você se Diferenciar da Concorrência 13
COMO LIDAR COM PROBLEMAS DE COMUNICAÇÃO 15
   Por Que Erros de Comunicação Acontecem? 17
   Comunicando-se com Clientes 19
COMO VENDER BEM E MELHOR O SEU HOTEL? 25
VENDENDO SEU HOTEL PELA INTERNET 31
ATENDIMENTO EFICAZ PARA SOLICITAÇÕES DO CLIENTE 37
ENTENDENDO O PERFIL COMPORTAMENTAL DE CADA CLIENTE .. 45
MÉTODO PRÁTICO PARA IDENTIFICAR O PERFIL DO CLIENTE 57
OS FATORES EXTERNOS E SUA INFLUÊNCIA NA QUALIDADE
DO HOTEL 65
A GESTÃO AMBIENTAL E A HOTELARIA 77
   O Modelo ISO 14001 Aplicado a Hotéis 81
ALGUMAS BOAS PRÁTICAS AMBIENTAIS NA GESTÃO HOTELEIRA 87
   Indicadores de Gestão Ambiental – Como Medir a Eficácia
   do Sistema 96
O MODELO RITZ CARLTON DE SUCESSO NO ATENDIMENTO
AO CLIENTE 99
CLASSIFICANDO E AUTO-AVALIANDO O SEU HOTEL 105
   Matriz de Classificação – ABIH/EMBRATUR – 2001 108
A NOVA ISO 9001 VERSÃO 2000 E SUA APLICAÇÃO NA
HOTELARIA 135
   Principais Requisitos da ISO 9001:2000 (Requisitos
   Antigos – Já Constantes da Revisão Anterior de 1994) 138
   Novos Requisitos (Introduzidos na Revisão 2000) 154

Comentários Gerais Sobre as Seções da ISO 9001:2000
e sua Aplicação na Hotelaria 157
Correspondência entre NBR ISO 9001:2000 e
NBR ISO 9001:1994 163
CONCLUSÃO 167
LEITURA RECOMENDADA 169
SOBRE O AUTOR 171

Introdução

Provavelmente quando você estiver lendo este livro, mais um hotel estará sendo inaugurado em sua cidade. Esta crescente avalanche nos negócios causa furor em alguns, e pavor em outros. Até onde será possível sustentar estes altos níveis de desenvolvimento? Teremos mercado suficiente para manter ativos todos os novos e os antigos estabelecimentos? Projeções otimistas dizem que sim, outras nem tanto. Estas defendem que somente sobreviverão aqueles que fizerem um planejamento consciente, e que tenham uma atitude proativa nos negócios. Durante os últimos dez anos, cansamos de ouvir um discurso sobre aumento de concorrências, de deslealdades neste tipo de negócio, de falta de recursos (traduza-se incentivos) e outras tantas choradeiras no setor. Não temos mais tempo para estes tipos de argumentos. A hotelaria nacional, com a chegada das grandes redes, tende a se atualizar e a rever seus conceitos de operação. Percebe-se um movimento no mercado para que esta batalha seja extremamente competitiva. Aos executivos das grandes redes caberá a adequação dos seus produtos, já consagrados no exterior, ao nosso mercado e as restrições aplicadas a ele, tarefa que sempre é acompanhada de um estresse típico de qualquer empreendimento na América do Sul. Vejamos o exemplo da recente descoberta do litoral do Nordeste brasileiro, com dezenas de novos projetos, investimentos pesados e uma dificuldade de operacionalização terrível. A mão-de-obra qualificada quase inexistente e totalmente despreparada, e as dificuldades logísticas devido à concentração de produtos e serviços nas regiões Sul e Sudeste tornam estes projetos verdadeiros desafios.

Enfim, o cenário atual faz com que TODOS aqueles que estejam à frente de um negócio voltado aos segmentos da hospitalidade tenham que encarar esta realidade de frente e partam para um plano de trabalho, mais prático, mais rápido, e o pior, com os recursos existentes. Não dá para esperar mais. As lamentações devem ser substituídas por ações possíveis de serem implementadas.

Este trabalho procura apresentar algumas sugestões para ações dentro do cenário atual aqui mencionado. São programas que podem ser implementados em qualquer tipo de organização com resultados práticos muito bons. Parte da premissa de que o negócio da hotelaria depende fundamentalmente de três fatores principais:

a) Conhecer bem seus clientes e o mercado.

b) Possuir uma equipe de trabalho eficaz.

c) Inovar sempre.

A preocupação com o meio ambiente e com as melhores formas de criar uma gestão ambiental focada na atividade hoteleira é um dos pontos a ser tratado neste trabalho. Além destas sugestões, são apresentados também alguns "benchmarks" do segmento, com ações que já foram praticadas e implementadas com sucesso.

Finalmente, apresento uma breve revisão do sistema de certificação pela novíssima ISO 9001:2000, modelo já amplamente utilizado por hotéis, e que pretende ser um guia para aqueles que já implementaram ou estão iniciando este trabalho em suas organizações.

O DESAFIO DO ATENDIMENTO AO CLIENTE

O Dr. Andrews e sua esposa, após uma longa e cansativa viagem, finalmente chegam ao seu tão esperado destino. Afinal, após três anos sem sair de férias, o casal conseguira finalmente agendar uma semana inteiramente livre. Escolheu, após uma difícil e longa busca, reservar um apartamento em um hotel *resort*, reconhecido pela qualidade de seus serviços e pela bela praia em que se localizava. O casal chega, e logo na entrada é recepcionado por um rapaz sorridente que rapidamente procura dar as boas-vindas e encaminhá-lo à recepção. Dr. Andrews, acostumado a muitas viagens que a profissão o obrigara realizar, chega ao imponente balcão da entrada, onde vários hóspedes aguardavam atendimento. Ele percebeu que o horário não era dos mais felizes para chegar, já que a recepção parecia estar tumultuada. Os dois jovens recepcionistas, Andressa e Téo, procuravam resolver todas as solicitações o mais rápido possível, já que a fila de hóspedes parecia aumentar. Minuto após minuto, a impaciência entre os hóspedes ia aumentando, não era diferente com o Dr. Andrews, afinal, após muitas horas de um vôo cansativo, faltavam apenas alguns minutos para que ele pudesse enfim se considerar em plenas férias. Finalmente chegara sua vez, e coube a Téo, o recepcionista, fazer o seu *check-in*.

– Bom-dia senhor, em que posso lhe servir?

– Bom-dia, tenho uma reserva para esta semana, meu nome é A-N-D-R-E-W-S – já soletrando o seu nome, o que era de praxe para ele.

– Certo, vamos checar aqui no sistema – e começou a teclar rapidamente no computador com extrema eficiência.

Os segundos passavam rapidamente e, apesar de Téo demonstrar cortesia e ser o dono da situação, algo no subconsciente do Dr. Andrews dizia que tudo somente estaria bem quando ele e sua esposa estivessem bem acomodados. Este excesso de preocupação vinha de muitas experiências em diversos hotéis do mundo, e que, em muitas vezes, causaram enormes problemas, por falhas quase sempre ocasionadas por erros de comunicação, de operação ou até mesmo dos sistemas de computação.

- Sr. Andrews, o senhor fez a reserva diretamente com nossa central?
- Não, nosso agente de viagens fez a reserva e aqui temos uma cópia do *voucher* de confirmação.
- Sei, sei.

Téo percebera que algo estava errado, o *voucher* indicava que a reserva fora feita, porém ele não conseguia localizá-la no computador, e, pior, o hotel estava completamente lotado, e caso não houvesse algum erro quanto ao nome do hóspede, ele estaria em apuros.

- Sr. Andrews, vamos tentar com seu primeiro nome ou talvez o nome de sua esposa.
- Meu primeiro nome é Gustav e o dela é Sofia.
- Gustav, vamos ver... acho que não. Vou tentar Sofia. E teclando agora com um pouco mais de cuidado e já não tão seguro.

Téo pedira ajuda para Andressa, que parecia ser a mais experiente na operação do sistema, neste tempo a fila de hóspedes na recepção era grande e o caso do Dr. Andrews, tornara-se já público. Após alguns minutos de diálogo sigiloso, e de várias idas aos bastidores da recepção, Téo chega a uma conclusão.

- Sr. Andrews, desculpe a demora, mas parece que houve um engano no seu *voucher* de reserva e por isso não conseguíamos localizá-la. Provavelmente seu agente de viagem, ao efetuar a reserva, passou o mês errado para nossa central e, portanto, descobrimos que sua reserva foi feita para esta mesma data porém para o mês que vem, e não para a data de hoje.

O Dr. Andrews não podia acreditar no que ouvira; toda esta explicação parecia não fazer o menor sentido, seu agente era muito detalhista e, em muitos anos de viagens, jamais acontecera tal problema. Apareceu nele imediatamente uma combinação de surpresa e raiva.

- Não acredito que meu agente possa ter cometido este erro, mas isto não importa agora, que tal você mudar nossa reserva e estará tudo resolvido.

- Lamento muito senhor, mas nosso hotel está lotado neste período e não podemos afirmar que o erro foi nosso ou do seu agente – explicou Téo já esperando a reação negativa do cliente.

- Lotado, lotado... esbravejou o Dr. Andrews perdendo um pouco sua postura serena. – Viajei muitas horas, nós planejamos esta viagem por muito tempo e agora você me diz que não tem certeza que o erro foi deste hotel?

Ao perceber que a situação começara a sair do controle Vanessa intervém e pede ao cliente que tenha um pouco de calma, e que ela tentaria resolver o problema. Rapidamente pega o telefone e, quase murmurando, explica ao Gerente Geral toda a situação, enquanto do outro lado do balcão notava-se os comentários dos outros hóspedes quanto àquela situação, um tanto ridícula. Logo em seguida surge, para resolver de algum modo a situação, o Gerente Geral do hotel.

O que você, leitor, faria no papel do Gerente Geral?

1. Sorridente, chegaria até o cliente e lhe perguntaria qual era o problema. Após sua explicação, diria que o erro pode ter sido do hotel como do agente de viagens, e proporia ao cliente uma hospedagem na Suíte Presidencial, pagando por isto somente 50% do valor da mesma.
2. Chegaria rapidamente e procuraria colocar o cliente em local distante do balcão, logo dizendo que erros deste tipo acontecem e que ele e a esposa seriam acomodados na Suíte Presidencial aquela noite e que no dia seguinte iria tentar acomodar o casal em um apartamento. Entretanto, como o erro talvez não fosse do hotel, teria que cobrar a diária da Suíte Presidencial por esta noite.
3. Chegaria apresentando-se e faria um resumo breve do problema, procurando ouvir mais detalhes do cliente. Deixaria o hóspede à vontade dizendo que procuraria encontrar alternativas para solucionar o problema, e pediria desculpas pelo transtorno.
4. Uma mistura das anteriores.

Situações como esta fazem parte da rotina dos inesperados em um hotel, e nem sempre a solução deve ser uma, tipo receita de bolo. Muitas vezes, a melhor saída irá depender de diversos fatores, tais como:

- Forma de abordagem do problema pelo cliente.
- Grau de educação e irritabilidade do cliente.
- Grau de sensibilidade e percepção do interlocutor do hotel.
- Grau de autoridade e autonomia do interlocutor do hotel.

Este último é fundamental para que o cliente possa perceber que a pessoa definida para resolver seu problema tem suficiente autoridade e autonomia, de forma a garantir que uma solução eficaz será alcançada.

Para minimizar o efeito destas situações desagradáveis, sugerimos:

1. Ouça atentamente o que o cliente tem a dizer.
2. Procure resolver você mesmo o problema, evite passá-lo a um terceiro.
3. Caso a solução não seja possível, informe o cliente so- sobre os passos que serão necessários até a solução do mesmo.
4. Não levante o tom de voz, mantenha-se calmo.
5. Procure manter o contato com o cliente afastado de outros clientes, já que alguns clientes costumam usar uma reclamação para realizar uma grande performance dramática pública. Em um ambiente "frente a frente", "um a um", tende-se a obter um papo mais voltado à resolução do problema em si.
6. Seja simpático, porém profissional.
7. Não prometa o que não pode cumprir.
8. Admita o erro, se ele for seu.
9. Caso a reclamação seja procedente, recompense o cliente.
10. BOM SENSO SEMPRE!!!

Esta relação poderia ser amplamente aumentada, com diversas outras sugestões de postura e técnicas de negociação, entretanto, o leitor perceberá que estas dicas, aliadas a bom senso, resolverão grande parte das situações de conflito que surgem no dia-a-dia.

O Dilema das Taxas de Ocupação e da Qualidade Ofertada

Com o aumento da disponibilidade do número de leitos, e com a chegada das grandes redes, é cada vez mais necessário que os hotéis de porte menor consigam operar mudanças para continuarem atuando no cenário atual. Segundo o Guia Quatro Rodas, em sua versão 2001, somente em São Paulo foram classificados 169 estabelecimentos hoteleiros, entre hotéis e *flats*. Nove hotéis foram classificados como sendo de Luxo (cinco casinhas), seis como sendo muito confortáveis (quatro casinhas), 22 como sendo confortáveis (três casinhas) e 59 como sendo de médio conforto e simples (duas e uma casinhas respectivamente). Os hotéis classificados como luxo e como muito confortável possuem em média mais de 200 apartamentos, enquanto que os hotéis classificados como de médio conforto e simples, em média possuem 100 apartamentos. Se contabilizarmos os apartamentos disponíveis nos hotéis de luxo e de muito conforto (total de 14) chegamos ao número um pouco maior de 4.000. Se pegarmos agora os demais hotéis, inclusive *flats*, de outras categorias (ao todo 166), e considerarmos que cada hotel possui 100 apartamentos em média, chegaríamos a uma disponibilidade de 16.600 apartamentos. Ou seja, o número de hotéis de nível intermediário, somente na cidade de São Paulo, representa hoje aproximadamente 80% dos leitos disponíveis no mercado. A tendência é de que estes números venham a se tornar cada vez mais preocupantes, principalmente com a chegada de hotéis de rede, medianos e com diárias médias extremamente baixas (*vide* IBIS, Formule 1, Sleep Inn). Portanto, aqueles que pretendem ficar no mercado, e dividi-lo com os demais leões, devem partir para uma renovação conceitual imediatamente. Este trabalho foi preparado pensando nesta situação.

Sugestões para Você se Diferenciar da Concorrência

1. **Conheça Seu Cliente**, quais são seus anseios, suas expectativas, como podemos atendê-lo plenamente.

2. **Pense nos Detalhes**, que fazem a diferença para seu cliente, que agregam valor a cada pequeno serviço de seu hotel.

3. **Inove Sempre**, o que agrada hoje, estará obsoleto amanhã, portanto o hotel deve ser repensado todos os dias.

4. **Conheça a Concorrência**, analise as inovações de seus concorrentes, verifique os pontos fracos deles, aprenda com ambos.

5. **Saia do Tradicional**, inovação é sinônimo de risco, arrisque à vontade, não se prenda a velhos chavões, não proíba as pessoas de pensar.

6. **Use o Humor**, dê um toque especial ao seu hotel, bom humor e alto astral são sempre bem-vindos, abaixo os funcionários sisudos e mal-humorados.

7. **Preocupe-se com o Social**, o seu negócio tende a prosperar se você aliar o senso comercial com o humano, as pessoas não querem mais ver nenhuma versão de trabalho escravo ou anti-social, invista na sociedade e na comunidade que faz pano de fundo de seu espetáculo.

8. **Transforme seus Funcionários em Estrelas de Hollywood**, torne-os compromissados com o sucesso, bata palmas, peça bis, faça-os ensaiar exaustivamente, permita o improviso, seja profissional, divida as glórias e os fracassos.

9. **Ouça o Seu Cliente**, após o serviço ter sido fornecido, não se esqueça de medir a eficácia do mesmo, pergunte ao cliente, aceite críticas e sugestões.

10. **Cuide do Meio Ambiente**, além de estar em moda, você de quebra pode economizar muito dinheiro investindo em um bom sistema de gestão ambiental.

COMO LIDAR COM PROBLEMAS DE COMUNICAÇÃO

Se pudéssemos unir todos os diagnósticos empresariais que são realizados anualmente, e levantarmos uma estatística com os principais fatores de fracasso das empresas, por certo, dentre os primeiros colocados estaria o fator COMUNICAÇÃO. Em um hotel não poderia ser diferente. Todo o trabalho de vendas e de operação do hotel depende fundamentalmente de comunicação. Esta pode ocorrer internamente, entre setores do hotel, ou externamente com clientes e fornecedores. Apesar do uso cada vez mais comum dos sistemas de reservas e da informática em geral, ainda temos muitas operações que dependem de informações verbais. As reservas, muitas vezes, são feitas por telefone, e os dados transferidos para o sistema diretamente, ou pior, enviadas para uma outra área para serem registradas. Quanto maior o número de pessoas interagindo nestes processos, maior a possibilidade de acontecer erro. Vamos analisar um pouco a comunicação interna, entre setores.

Por Que Erros de Comunicação Acontecem?

Diversos são os motivos para que as falhas de comunicação atrapalhem a operação de um hotel. Listamos a seguir algumas principais:
- Não ouvir com calma e atenção.
- Não fazer anotações.
- Pressa.
- Não verificar se o interlocutor entendeu sua mensagem.
- Excesso de confiança nas mensagens eletrônicas e no sistema do computador.

- Excesso de desconfiança no computador.
- Excesso de burocracia.
- Excesso de informalidade.

Como podemos notar, os excessos são fortes causadores de problemas, quando o assunto é comunicação. Uma sugestão simples para resolver uma série de problemas é a padronização dos processos de comunicação. Consiste em definir meios de comunicação entre os setores. Por exemplo se seu hotel dispuser de computadores nos setores, um bom meio seria o uso de e-mail, caso contrário, poderemos optar por um sistema de comunicação via papel, ou mesmo correio de voz. Sempre que possível, comunicações que envolvam o registro de dados devem ser documentadas. Imagine você passando ao setor de alimentos e bebidas uma enorme relação de itens para um evento, de modo verbal. A chance de que erros aconteçam é muito grande. Não importa qual a sistemática a ser adotada, porém é fundamental que fique claro qual será o procedimento para interação entre os setores. Por exemplo, se você definir que o sistema de comunicação será por e-mail, é necessário definir quantas vezes por dia as pessoas deverão acessar suas caixas de correio, a obrigatoriedade de resposta, quais assuntos devem ser respondidos de imediato, formas de verificação do entendimento, entre outras. Este procedimento de comunicação pode ser um pouco trabalhoso para ser definido e para que as pessoas criem um hábito de uso, porém, quando isto estiver fazendo parte da operação diária, você perceberá a diferença quanto ao grau de problemas de comunicação. Fazer este tipo de procedimento não deve ser encarado como uma burocratização do sistema de trabalho, mas sim como uma maneira ordenada de fazer as coisas. Em algumas organizações encontramos áreas totalmente documentadas, áreas informais, áreas disciplinadas e indisciplinadas. O grande dilema, nestes casos, é que nenhum dos setores consegue entender claramente como a organização trata seus problemas internos. Não existe coesão entre os modos de tratar e interagir entre os setores. Uns são tratados como burocráticos, outros como ágeis porém gerando erros costumeiros. Quando o hotel defende uma forma ordenada de comunicar-se, a chance de estes problemas serem minimizados é muito grande. Portanto, independendo do tipo de hotel, ou mesmo de seu porte, a definição de um método sistêmico de comunicação entre os setores, com regras claras e simples, é vital para uma operação mais eficaz e econômica.

Comunicando-se com Clientes

A comunicação com os clientes é fundamental para qualquer hotel. Não se imagina ainda um hotel com atendimento eletrônico nas suas áreas fins, de modo que o ser humano atendente seja desnecessário. Alguns estudos realizados nos Estados Unidos apontam que os usuários de serviços do tipo eletrônico – ou seja, aquela voz chata gravada no telefone que lhe pede para digitar um, depois o dois, depois o seu RG, depois as suas preferências, até chegar ao ponto em que você já tiver quase esquecido o motivo de sua ligação – podem estar em desuso. Os clientes de hotéis têm demonstrado uma tendência de preferirem falar e ouvir uma voz humana (que ótimo!) em vez destas máquinas eletrônicas. Muitas vezes, entretanto, o contato humano pode ser um desastre, vejamos o exemplo a seguir:

- Hotel Boa Aventura, Clotilde, bom-dia!
- Bom-dia, eu gostaria de falar com o setor de reservas.
- Qual é o assunto?
- É que eu gostaria de reservar dois apartamentos para o próximo feriado, no total são quatro pessoas: dois adultos e dois adolescentes.
- Acho que estamos lotados no próximo feriado, o senhor já tem reserva?
- Não, é por isto que estou ligando.
- Ah sei, sei... Aguarde um minuto que eu vou transferir.

Imediatamente entra no ar aquela voz feminina (eletrônica), com aquela música nostálgica de fundo.

Hotel Boa Aventura, sua ligação é muito importante para nós – não desligue. Nosso hotel garante um perfeito atendimento e um serviço esmerado aos nossos clientes. Nossa política é a de melhor atendê-lo. Em breve estaremos com você. Hotel Boa Aventura satisfação garantida ou seu dinheiro de volta. Sua ligação é muito importante para nós. Sua hospedagem aqui é uma questão de preferência. Obrigada por escolher o Hotel Boa Aventura.

Após cinco ou mais minutos de espera...

- Hotel Boa Aventura, Carmine, bom-dia.
- Bom-dia, de que setor você é?
- Reservas, senhor, em que posso ajudá-lo?
- Eu gostaria de ir ao hotel no próximo feriado.
- O senhor já tem reserva?
- Não, é por isto que estou chamando.
- Ok, quantas pessoas?
- Eu preciso de dois apartamentos duplos: um casal e dois adolescentes.
- Seria para o senhor, sua esposa e dois filhos?
- Na verdade não, seria para mim, minha esposa, minha filha e uma amiga.
- O senhor tem alguma preferência?
- Como assim?
- Sim, o senhor prefere um apartamento *standard* ou um de nossos apartamentos superiores?
- Qual é a diferença?
- O *standard* custa R$ 198,00 e o superior R$ 250,00 a diária com café da manhã.
- Além do preço, quais as diferenças entre eles?
- Bem, os apartamentos são similares, a única diferença

- é que os superiores possuem uma vista parcial do mar.
- Humm... Acho que vou ficar com o *standard* mesmo.
- Ok, deixe-me checar no sistema um minuto por favor.

E novamente aquela gravação entra na ligação e repete...

"Hotel Boa Aventura, sua ligação é muito importante para nós".

Após dois ou mais minutos...

- Senhor, desculpe pela demora, é que o sistema está bem lento hoje. Infelizmente não temos mais apartamentos *standard* para o feriado. O que eu posso confirmar de imediato seria um apartamento superior, ou uma suíte conjugada, que acomoda até cinco pessoas.
- Interessante, você não me disse isto antes. E quanto custaria esta suíte?
- Bem, nesta época a suíte costuma custar uns R$ 500,00.
- Costuma...? Você não tem certeza?
- É que esta suíte estava sendo reformada e ela ficará pronta apenas para o feriado. Mas, se o senhor tiver interesse, eu posso verificar e entrar em contato.
- Isto demora muito?
- Hoje é impossível, pois nosso diretor está viajando e somente retorna na segunda-feira.

Já cansado pela longa negociação, o cliente passa os seus dados para contato e aceita aguardar o retorno.

Na segunda-feira, nada...

Na terça-feira, nada...

Na quarta-feira, cansado de tanto esperar, o cliente novamente liga ao hotel...

- Hotel Boa Aventura, Roberto, boa-tarde.
- Boa-tarde, eu quero falar com reservas por favor.
- Para qual período senhor?
- Para o feriado.
- Infelizmente, senhor, acho que estamos lotados para o feriado. O senhor já tem reserva?
- Acho que sim, por favor me deixe falar com o setor de reservas – já com tom bastante irritado.
- Hotel Boa Aventura, Daniel, boa-tarde.
- Daniel, eu liguei para o seu departamento na sexta-feira e vocês ficaram de me dar um retorno na segunda, e isto não aconteceu.
- Com quem o senhor falou?
- Não me recordo bem, acho que foi com Clotilde.
- Ok, mas a Clotilde é de recepção e está de férias.
- Isto não importa, ela ficou de verificar o preço da Suíte para quatro pessoas no feriado, você poderia checar isto por favor.
- A suíte está sendo reformada, e ainda não está pronta. Esperamos contar com ela para o feriado, mas isto não é certeza, senhor.
- Tudo me parece confuso, eu acho que vou ficar com o apartamento superior.
- Para quantas pessoas, senhor?
- Um duplo para casal e um duplo para minha filha e sua amiga, ambas adolescentes.
- Ah, então o senhor precisa de dois apartamentos. Deixe-me verificar, um minuto por favor, senhor.

E novamente aquele fundo musical invade a ligação – Hotel Boa Aventura, sua ligação, etc., etc.

- Senhor, desculpe pela demora, é que nosso sistema está lento hoje. Infelizmente não temos dois aparta-

mentos superiores disponíveis, o hotel está lotado para este período.
- Como lotado, eu liguei cinco dias atrás, e só agora você me diz que o hotel está lotado?
- Senhor, infelizmente, durante esta época é muito difícil conseguir vagas aqui, se o senhor quiser para a semana seguinte posso fazer a reserva.
- Não, eu quero reservar para o feriado. Este apartamento acomoda mais uma pessoa?
- Sim, é possível transformá-lo em triplo com um acréscimo de 30% da diária normal.
- Ok, eu quero fazer a reserva deste apartamento, para três pessoas.
- Serão três adultos, senhor?
- Eu, minha esposa e minha filha.
- Um minuto, deixe-me checar no sistema. Ótimo, eu ainda tenho disponível um apartamento superior com uma diária de R$ 280,00 mais 30% pela terceira pessoa.
- R$ 280,00? A semana passada a sua colega me passou o preço de R$ 250,00 pelo mesmo apartamento.
- É possível, porém, à medida que os apartamentos vão acabando, nosso sistema automaticamente aplica adições ao preço básico de modo a conseguirmos a melhor diária média estimada no período.
- Não entendi absolutamente nada, e acho que você vai aumentar a sua diária à custa de outro cliente, pois eu vou procurar outro hotel – batendo o telefone e deixando o atendente indignado por ter perdido tanto tempo com um cliente tão chato.

Seria tão bom se nosso hotel pudesse trabalhar com um atendimento único e personalizado, onde cada atendente tomasse conta de um único cliente, ou pelo menos cada cliente fosse direcionado para aquela pessoa que já realizou o primeiro atendimento. Isto faria com que os ruídos de comunicação fossem minimizados. Porém nem sempre isto é factível, ou seja, cada vez mais, hotéis, independente de porte ou categoria, terão que ter equipes bem preparadas e treinadas, de modo a manterem sua competitividade. A tecnologia tem auxiliado no pró-memória da comunicação diária, porém por melhor que seja o sistema de computação adotado, as informações ainda são geradas por nós, seres humanos. De nada adianta, se todos os dados acumulados nos milhões de *bytes* de nossos computadores não forem confiáveis, ou pior, não forem utilizados corretamente. Como este trabalho planeja abordar tópicos que auxiliem na prática a melhoria da qualidade e do atendimento nos estabelecimentos hoteleiros, sugiro que as seguintes práticas sejam adotadas quando da comunicação com os clientes.

1. Ouça atentamente os requisitos do cliente.
2. Tenha uma base de dados (pode ser uma ficha, um sistema computadorizado, um bloco de anotações,etc.) – anote os dados do cliente e o que ele solicitou.
3. Encarregue-se de responder você mesmo ao cliente – não delegue esta tarefa.
4. Garanta que o cliente entendeu corretamente sua mensagem.
5. Se possível, documente o que foi acordado com o cliente – e lhe envie uma cópia.
6. Seja direto – evite chavões e desculpas desnecessárias;
7. Explique as políticas adotadas pelo hotel.
8. Somente inicie o atendimento se tiver competência e autoridade para atender bem ao cliente; caso contrário, encaminhe-o para as pessoas de direito.
9. Evite o atendimento mecânico, lembre-se de que o cliente quer em você um aliado para resolver suas necessidades e não um mero respondedor robótico.
10. Cumpra o que prometeu, não prometa o que não poderá cumprir.

COMO VENDER BEM E MELHOR O SEU HOTEL?

VENDAS...

Esta palavra deixa muita gente nervosa e costuma significar sobrevivência para muitos hotéis. Mas o conceito de vendas muitas vezes aparece distorcido nos sistemas de gestão hoteleira. O foco em geral está ligado a criar novos nichos de atuação e de atendimento, novos serviços que poderão ser revertidos em faturamento adicional, aquisição de novos clientes, etc. Claro que todos estes itens são muito importantes para a saúde de um hotel, entretanto há um outro tipo de venda, geralmente pouco trabalhado durante a operação diária de um hotel, que eu denomino de "venda de paixão". Para entender bem este conceito, vamos analisar as seguintes situações.

Dona Norely e sua filha Marília acabam de chegar ao hotel para um descanso de fim de semana e, logo após o rápido e eficaz check-in, são conduzidas ao apartamento pelo mensageiro. O percurso, apesar de não muito longo, permitiria que as hóspedes tivessem um primeiro contato com os serviços do hotel.

- Senhoras, por favor, meu nome é Gabriel, sou mensageiro e irei acompanhá-las ate o apartamento que fica no quarto andar.
- Obrigada – agradeceu Dona Norely já se dirigindo ao elevador no lado posterior do *lobby* de entrada.
- Fizeram boa viagem?
- Sim, um pouco cansativa, mas nada que um bom fim de semana não resolva (Dona Norely respondeu dando sinais de que a conversa poderia se aprofundar).
- Com certeza vai ser um ótimo fim de semana Sra. Norely.

- Já conhecem nosso hotel?
- Não, é a primeira vez.
- Como é sua primeira estada em nosso hotel, gostaria de lhes dar as boas-vindas e apresentar rapidamente nossos serviços.
- Claro (um ar de agrado e surpresa apareceu estampado nas faces das hóspedes).
- Nosso hotel fica em uma área bastante tranqüila, coberta por uma vegetação natural própria da região a visão dos pássaros é imperdível pelas manhãs. O hotel possui dois restaurantes, um com serviço mais informal em forma de *buffet*, e um mais requintado. Não deixem de provar lá o "O Camarão do Chefe" ou o nosso "Pato Tropical", especialidades da nossa cozinha e que são imperdíveis segundo nossos clientes habituais. Além dos restaurantes, temos também um bar com música ao vivo localizado ao lado do restaurante principal. Hoje vamos ter o Sr. Amadaeus tocando música internacional em seu piano fantástico. No segundo andar, temos uma pequena academia, e na recepção poderão obter todos os detalhes sobre os passeios turísticos aqui de nossa região. Vale a pena ir até a praia do Beta, que foi reconhecida como uma das 10 mais bonitas de nosso país. Além disto, temos duas quadras de tênis e as piscinas. Estas, com certeza, são o ponto alto do nosso hotel, foram até mencionadas na revista Turismo e Lazer deste mês como uma das mais bonitas. E a nossa água é mineral e vem direto de nossas fontes.
- Puxa, tudo parece muito excitante (comenta Marília encantada com a disposição do mensageiro Gabriel).
- Este é o apartamento. Podem entrar por favor, vou colocar as malas aqui. Os controles da TV e do ar-condicionado são tradicionais. Caso tenham alguma dificuldade, poderei auxiliar. Aqui está um *minibar* com algumas bebidas. Se tiverem necessidade de algo a mais, poderei providenciar. O serviço de quarto funciona 24 horas, aqui está o cardápio básico, po-

rém necessitando de algum prato especial, desde que tenhamos os ingredientes, nosso chefe terá imenso prazer em prepará-lo para as senhoras. O serviço usualmente leva em torno de 20 minutos para ser entregue, mas, se for o caso, as senhoras poderão fazer o pedido no próprio bar do hotel, ouvindo um pouco de música. Se forem necessárias outras toalhas ou sabonetes, é só discar 5, que uma camareira irá providenciar. Espero que tenham uma ótima estada, e precisando de qualquer outra informação meu ramal é o 8, meu nome é Gabriel, mas qualquer um que atender poderá auxiliá-las.

Você deve estar pensando onde é que este mensageiro Gabriel trabalha que eu vou contratá-lo já. Realmente, o Gabriel deveria ser espelho para muitos vendedores e atendentes de muitas empresas por aí. Mas eu fiz questão de citar este exemplo, até com um tom exagerado, para você leitor sentir que a venda e a garantia das próximas vendas dependem de pequenos detalhes. Sim, detalhes que fazem a diferença. Um amigo meu se hospedou uma semana em um destes *resorts* fantásticos, e descobriu no último dia que o hotel dispunha de uma pista de Kart anexa, onde todas as noites os hóspedes fãs inveterados pelo automobilismo disputavam a chance de usar os mais velozes carros. Pela brincadeira, cada cliente desembolsava quase R$ 100,00 por meros 30 minutos. Apesar do preço, os poucos clientes ali presentes não pareciam preocupados com a conta, mas sim com seu divertimento. Talvez se o Gabriel fosse o mensageiro deste hotel a pista de Kart estivesse lotada, e meu amigo não tivesse ficado tão nervoso por não ter usufruído deste serviço durante sua estada. O Gabriel praticou, durante os poucos minutos em que teve o cliente sob sua mira, o que foi definido anteriormente como "venda de paixão": ele encanta o hóspede quando fala com orgulho do seu produto. Ele apresenta os pontos fortes, ele dá referências, ele compara com a concorrência, ele dá seu toque pessoal, ou seja, ele vende apaixonadamente como um pintor fala de seu quadro, ou como você conta aos amigos por que seu filho foi o número um no vestibular. Ele põe a paixão pelo seu produto acima de qualquer coisa. Repare que eu disse "seu" produto, sim o produto deve ser sentido como sendo de cada um. Enquanto cada um de seus atendentes não perceber que ele é um "sócio" naquele negócio de acomodar pessoas, jamais você terá um Gabriel Apaixonado em sua empresa.

Gabriel Apaixonado realmente existe?

Sim, poderia enumerar vários hotéis, restaurantes e empresas de serviços que possuem pelo menos um Gabriel Apaixonado. Para ter um em seu hotel eu recomendo:

1. Faça de cada pessoa da linha de frente um "sócio" do negócio, motive-a a entender que o negócio depende dela, e que sem ela o hotel não opera.

2. Treine exaustivamente sua linha de frente – eles são o cartão de visitas e o seu talão de cheques, afinal você não encontra nenhuma escola de formação de Gabriéis Apaixonados.

3. Crie um motivo para estar frente a frente com o cliente, se o seu hotel não tem serviço de mensageiro para acompanhar o cliente ao apartamento, faça isto com o recepcionista, com o garçom, com a camareira, com você.

VENDENDO SEU HOTEL PELA INTERNET

A grande rede revolucionou o mercado dos negócios nos últimos anos, e a hotelaria, como todos, foi afetada por isso. O *e-business* está cada vez mais marcante, e parece que veio para ficar. Há poucos anos, para que o viajante conseguisse obter uma cotação para um hotel no exterior, era necessário consultar um agente de viagens, que teria que checar com o seu operador local, que teria que checar a disponibilidade de lugares diretamente com o hotel, e, com um pouco de sorte, após três ou quatro dias, iria obter a resposta esperada. Claro que a INTERNET encurtou muito este caminho. Dia após dia, novos sites nos conduzem ao processo de reservas on-line. Diferente dos EUA, onde a compra de uma diária de hotel pela INTERNET já faz parte do cotidiano das pessoas, no Brasil esta prática ainda está engatinhando. Porém, acho que, com o passar do tempo, o público em geral irá ganhando confiança, e este serviço deverá representar uma força grande de vendas na hotelaria. Um dos principais pontos de preocupação deste serviço está na confiabilidade do processo. O usuário nem sempre sente confiança na reserva virtual, principalmente quando tem que confirmá-la através de um cartão de crédito.

Mas, quais as vantagens de realizarmos esforços de vendas através da INTERNET?

Além do tempo real da operação, outra principal vantagem é a interação do produto com o cliente no ato da venda. Ou seja, antes de o cliente clicar e fechar uma reserva no seu hotel escolhido, ele, por certo, verificou as informações através do site, como, por exemplo, tomou conhecimento dos serviços ofertados, da localização do mesmo, dos tipos de acomodação, enfim, todo e qualquer dado necessário para que uma decisão possa ser tomada. A visita de um INTERNAUTA a um determinado hotel virtual deve ser encarada como um primeiro, e muito importante, ponto-de-venda. Deslizes na apresentação do hotel poderão levar o cliente a simplesmente virar a página, e procurar o seu concorrente mais próximo. Elaborar um site que mostre o seu hotel de maneira real, e que transmita ao cliente confiabilidade, é fundamental. Alguns pontos devem ser lembrados quando da elaboração de um site de apresentação de seu hotel:

1. O site deve ser prático e ágil (páginas muito trabalhadas, mas que não trazem informações suficientes, geralmente são abandonadas pelo internauta).
2. O site deve demonstrar, através de fotos, os tipos de apartamentos e as áreas sociais de destaque (exemplo piscinas, restaurantes, vistas panorâmicas).
3. Deve mostrar a localização através de mapas, e os meios de acesso até o hotel.
4. O site deve permitir a checagem, sempre que possível, da disponibilidade e das tarifas aplicáveis (é frustrante quando após uma visita não conseguimos saber se o hotel pode nos receber e a que custo).
5. Se o item anterior não for possível, então providencie outros meios de comunicação que possam atender tal necessidade (não esqueça de considerar alternativas para as verificações fora do horário habitual – lembre-se de que muitos dos visitantes virtuais estarão visitando seu hotel em horários não-convencionais).
6. Destaque os pontos positivos do hotel.
7. Destaque prêmios ou classificações obtidas.
8. Destaque os projetos sociais que o hotel faz parte (por exemplo projetos de gestão ambiental).
9. Permita que os visitantes possam fazer perguntas sobre o hotel (neste caso, a resposta rápida é fundamental e transmite confiança).
10. Caso o site permita a reserva eletrônica, envie confirmação imediata ao cliente (lembre-se de que o cliente ainda necessita de um papel para sentir segurança).
11. Mantenha sempre atualizado o seu site (sites abandonados são abandonados.pelos visitantes).

12. Se possível, ofereça tarifas diferenciadas para a reserva eletrônica, isto mostrará seu interesse em obter reservas por este meio.

Do ponto de vista de um usuário, e eu me considero um internauta com certa experiência na reserva de hotéis, quando estou na deliciosa tarefa de encontrar um hotel que irá ser o meu lar, durante um trabalho ou em férias com minha família, procuro tomar alguns cuidados antes de efetuar uma e-reserva.

1. Fugir de sites que não mostram claramente o produto a ser vendido – é típico você encontrar a foto de um apartamento que está a cara de suíte presidencial, ao invés da maioria dos apartamentos que são vendidos.
2. Não faço reserva quando as regras das tarifas aplicáveis não estão claras.
3. Faço a reserva quando percebo um diferencial de preço favorável em relação a outros meios – é chato você efetuar a reserva pela INTERNET pagando preço de balcão (muito mais caro que o real praticado).
4. Faço a reserva com garantia de cartão de crédito somente se houver algum tipo de sistema "seguro" de informação.
5. Se a informação sobre o hotel ou sua localização não for suficiente, pesquiso em outras fontes antes de confirmar.
6. Verifico sempre se há a possibilidade de cancelamento e como proceder.

Espero que estas dicas possam fazer com que os sites de hotéis sejam criados pensando mais em nós clientes. Para finalizar esta seção, eu gostaria de contar uma história, um tanto engraçada, que aconteceu comigo recentemente.

Procurei por alguns dias, via INTERNET, um hotel em San Diego – Califórnia, onde visitei um amigo ano passado. Geralmente uso portais de turismo, tais como Travelweb, Expedia ou Travelocity. Todos muito bons e já testados. Em um certo momento desta pesquisa, fui parar diretamente no site de uma importante cadeia de hotéis americana, que logo na entrada de seu site anunciava promoções de inauguração do sistema de reservas on-line. Isto me chamou a atenção. O site é muito bem-feito, cheio de detalhes sobre os hotéis da rede e com informações suficientes. Fora tudo isso, as tarifas para San Diego eram nada mais nada menos que 20% a menos do que as encontradas nos grandes portais. Não pensei duas vezes e mergulhei no sistema de reservas deste hotel. Em minutos, já estava com uma folha de papel impressa, com os dados da minha reserva. Dez dias depois, num fim de sábado ensolarado, chego ao dito hotel, em plena San Diego. A descrição do site sobre o hotel e a sua localização eram perfeitas. Tão logo cheguei, dirigi-me à recepção onde me apresentei dizendo "tenho uma reserva para hoje...".

A recepcionista começou checando pelo meu *"last name"* – e nada.

Pelo *"first name"* e nada...

Pelo nome da minha empresa "qualitec consulting..." – e nada...

Resolvi ajudá-la e apresentei a minha página, impressa lá em casa, como *"voucher"* da salvação.

Neste momento, as duas recepcionistas e o gerente de recepção já faziam uma conferência atrás do balcão para ver o que havia de errado. Após alguns minutos de perplexidade, veio a pergunta.

– Onde é que o senhor arrumou isto???

Respondi prontamente: – No site de sua rede de hotéis na INTERNET.

E aí veio a resposta final:

– Não sabia que tínhamos um. Que interessante, ele até emite um *voucher*!!!

Portanto, caso você não queira que seu hotel se enquadre neste tipo de situação, não esqueça, após criar o seu maravilhoso site na INTERNET, de...

TREINAR MUITO BEM SUA EQUIPE E USÁ-LO COM EFICÁCIA

ATENDIMENTO EFICAZ PARA SOLICITAÇÕES DO CLIENTE

- Recepção, boa-noite, Eunipedes falando, no que posso ser útil, senhor?
- Boa-noite, eu gostaria de pedir o jantar no meu apartamento, é possível?
- Claro, senhor, pode fazer seu pedido.
- Vamos querer de entrada dois "Cremes de Aspargos", e como pratos principais um "Frango a Kiev" e um "Medalhão Supreme".
- Como gostaria o seu Medalhão, mal passado ou ao ponto?
- Ao ponto.
- Ótimo, ao ponto. Mais alguma coisa?
- Eu poderia substituir os legumes do "Frango a Kiev" por um purê de batatas, e ter o meu medalhão sem as fatias de bacon?
- Não tenho certeza, posso verificar com o *chef*, mas acho que não haverá problema.
- Certo, e seria bom trazer também uma cesta de pães e como sobremesa uma salada de frutas e uma mousse de limão.
- Salada de frutas e mousse. Ótimo, alguma bebida?
- Um suco de melão sem açúcar e um de abacaxi sem gelo.
- Certo, certo, certo...
- Vai demorar muito?
- Uns 30 minutos.
- Estamos com um pouco de pressa, pois precisamos sair, é possível trazer antes?
- Farei o possível, senhor...

NOTAS DO ATENDENTE DO HOTEL

APTO 232 – 20:40 HORAS

PEDIDO DE JANTAR

2 CREMES ASPARGOS
1 FRANGO QUIEVE................... → *COM LEGUMES*
1 SUPREMO MEDALIÃO
1 SALADA DE FRUTA
1 MUSSE DE LIMAO
1 SUCO DE MELAO → *AO PONTO SEM BEICON*
1 SUCO DE ABACAXI
PÃO

URGENTE...

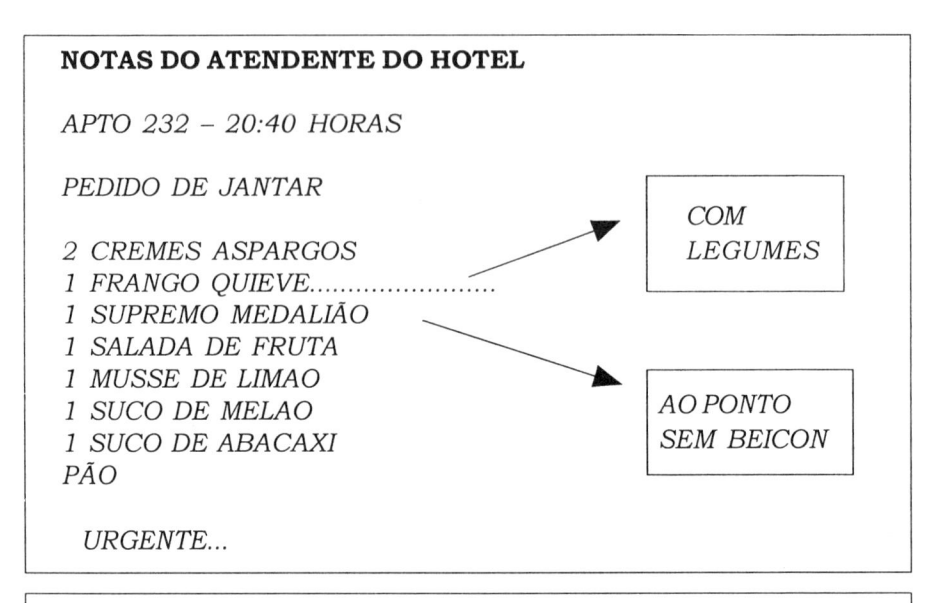

NOTAS DO COZINHEIRO DE PLANTÃO

APTO 223 – 20:45 HORAS

JANTAR PARA DOIS

2 CREMES DE ASPARGOS
1 FRANGO KIEV COM LEGUMES (AO PONTO)
1 SUPREMO DE FRANGO COM BACON
2 SALADAS DE FRUTA
2 SUCOS DE MELÃO COM ABACAXI
PÃO

ÀS 23 HORAS FOI ENTREGUE NO APARTAMENTO 223:

2 CREMES DE ASPARGOS

1 FRANGO KIEV COM LEGUMES AO PONTO

1 SUPREMO DE FRANGO SEM BACON

2 SALADAS DE FRUTAS

2 SUCOS DE MELÃO COM ABACAXI (BEM GELADOS...)

PÃES

Os hotéis em geral possuem diferentes tipos de tratamento para atendimento às solicitações dos hóspedes. Podemos dividi-los em duas categorias distintas: aqueles que se baseiam em atendimento múltiplo por diversos setores e, mais recentemente, aqueles que procuram concentrar a recepção de solicitações em uma única área. A figura abaixo ilustra estas duas situações distintas.

Atendimento Tradicional
(Múltiplas Áreas Receptoras)

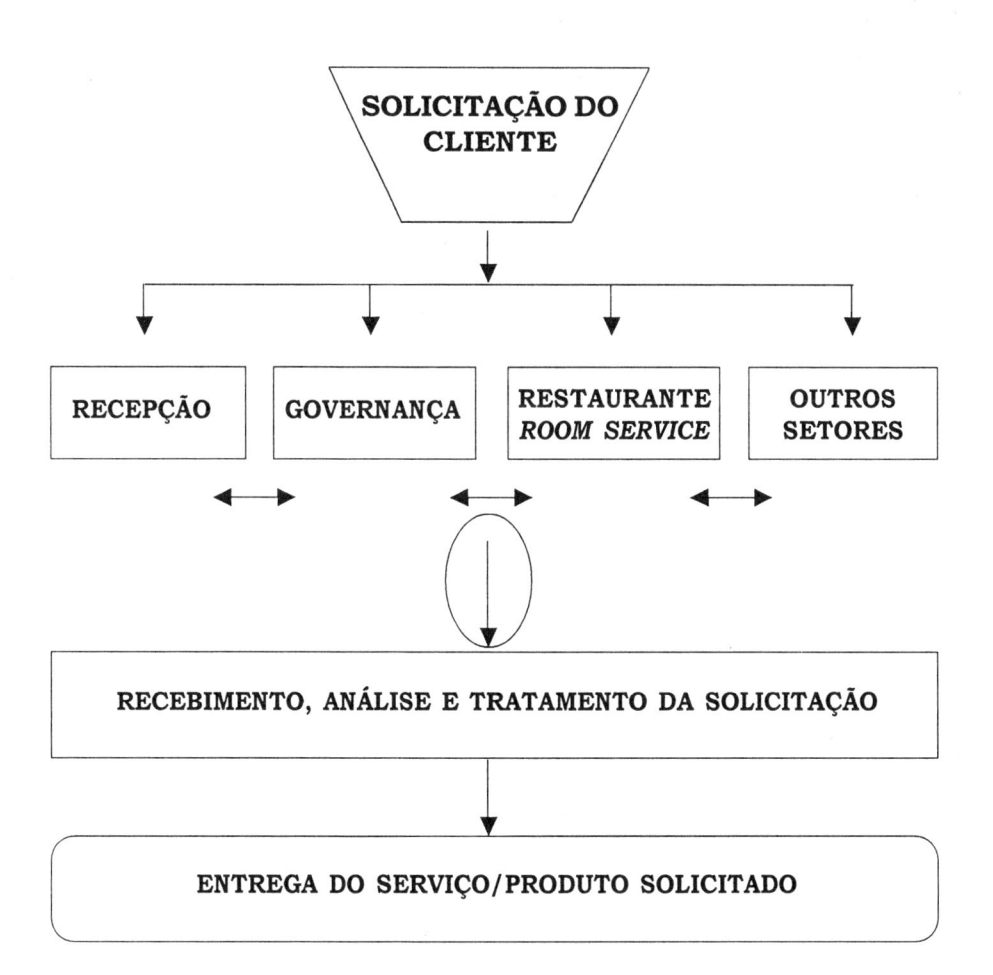

```
                    ┌─────────────────┐
                    │ SOLICITAÇÃO DO  │
                    │     CLIENTE     │
                    └────────┬────────┘
          ┌────────────┬─────┴──────┬────────────┐
          ▼            ▼            ▼            ▼
    ┌──────────┐ ┌──────────┐ ┌──────────┐ ┌──────────┐
    │ RECEPÇÃO │ │GOVERNANÇA│ │RESTAURANTE│ │  OUTROS  │
    │          │ │          │ │ROOM SERVICE│ │ SETORES  │
    └──────────┘ └──────────┘ └──────────┘ └──────────┘
        ◄──►         ◄──►          ◄──►
                      │
                      ▼
    ┌──────────────────────────────────────────────────┐
    │ RECEBIMENTO, ANÁLISE E TRATAMENTO DA SOLICITAÇÃO │
    └────────────────────────┬─────────────────────────┘
                             ▼
    ┌──────────────────────────────────────────────────┐
    │     ENTREGA DO SERVIÇO/PRODUTO SOLICITADO        │
    └──────────────────────────────────────────────────┘
```

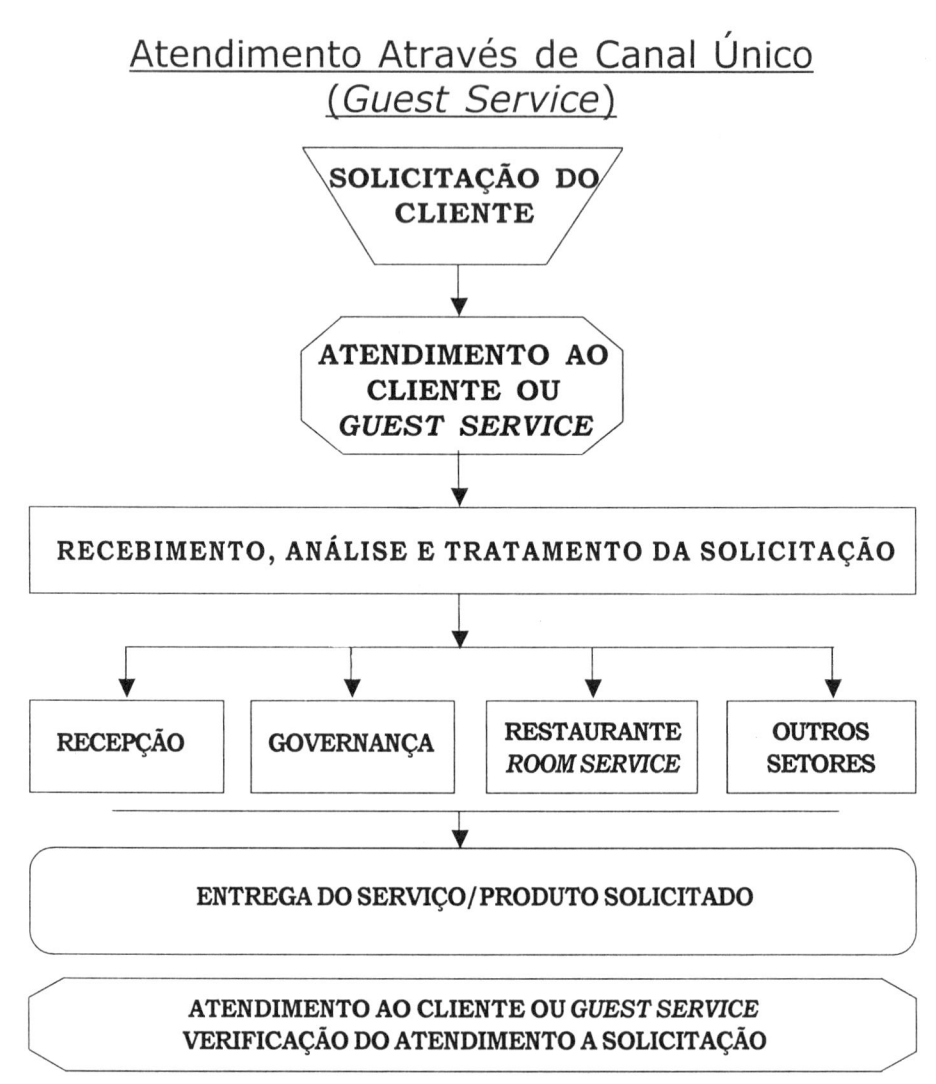

Atendimento Através de Canal Único
(*Guest Service*)

```
        SOLICITAÇÃO DO
           CLIENTE
               ↓
       ATENDIMENTO AO
         CLIENTE OU
         GUEST SERVICE
               ↓
  RECEBIMENTO, ANÁLISE E TRATAMENTO DA SOLICITAÇÃO
        ↓         ↓         ↓         ↓
    RECEPÇÃO  GOVERNANÇA  RESTAURANTE  OUTROS
                         ROOM SERVICE  SETORES
               ↓
    ENTREGA DO SERVIÇO/PRODUTO SOLICITADO

    ATENDIMENTO AO CLIENTE OU GUEST SERVICE
    VERIFICAÇÃO DO ATENDIMENTO A SOLICITAÇÃO
```

Como podemos notar através dos dois diagramas, o sistema de recebimento de solicitações por diversos setores apresenta um número maior de interfaces de comunicação, o que geralmente aumenta a probabilidade de problemas. Repare que muitos hotéis que adotam este sistema, apesar de estabelecerem canais distintos para os diversos setores (ligados através de ramais telefônicos), tendem a concentrar o número de chamadas na recepção. Isto se torna mais enfático quando o hotel não dispõe de pessoal suficientemente preparado para receber as solicitações em áreas como Governança ou Alimentos & Bebidas. Muitas vezes, os turnos de trabalho não estão disponíveis, ou existem outras dificuldades, como, por exemplo, pessoas que não falam outros idiomas. Isto obriga o sistema telefônico a canalizar tais chamadas para a recepção, muitas vezes deixando a operação confusa e ineficaz. Entretanto, quando as chamadas são feitas diretamente aos setores, e estas são atendidas, há uma tendência de este serviço ser mais rápido.

Já no atendimento através de um *Guest Service,* ou central de solicitações, o cliente precisa ligar somente para um determinado número para solicitar quaisquer serviços. Esta central recebe o pedido, registra-o e providencia que a solicitação chegue rapidamente até o setor responsável pelo serviço a ser executado. Geralmente o *Guest Service* possui um bom apoio tecnológico, no que diz respeito à comunicação e ao controle de tempo entre o recebimento do pedido e a entrega ao cliente. Outro papel importante do *Guest Service,* e muitas vezes causador de muitas dores de cabeça, é a garantia de que realmente o serviço foi entregue nas condições em que o cliente solicitou. É usual que um hotel, que possua 70% das suas solicitações voltadas ao *room service,* possua o seu *Guest Service* alocado fisicamente nas proximidades deste. Isto faz com que o canal de comunicação seja mais simples, e que a incidência de erros diminua.

Algumas Vantagens do Uso do *Guest Service* (Canal Único de Comunicação com os Clientes)

- Facilidade no canal de comunicação com o cliente (ele deve ser informado para chamar a linha única – exemplo – DISQUE 1 Para Solicitar Qualquer Serviço, etc.).
- Menor número de interfaces entre os setores, diminuindo o nível de ruídos de comunicação.
- Menor número de pessoas qualificadas para receber solicitações.
- Serviço mais personalizado e diferenciado.

ENTENDENDO O PERFIL COMPORTAMENTAL DE CADA CLIENTE

Você não entende por que aquele recepcionista é elogiado por um cliente em um dia, e no dia seguinte lá está ele metido em um tremendo conflito na recepção. A explicação parece lógica, já que cada ser humano tem características distintas e, portanto, somos todos sujeitos às intempéries do cotidiano. Provavelmente a explicação que sempre vem as nossas cabeças é **"hoje ele não está em um dia bom"**, ou **"ele deve estar com algum problema em casa"**, ou **"este cliente tem um gênio insuportável"**. Quaisquer que sejam as explicações que procuremos encontrar para todos os conflitos aos quais temos que administrar em nossas vidas, no fundo chegamos à conclusão de que elas não são suficientes para explicar nossas atitudes perante um outro interlocutor. Sem notar como começou, lá estamos nós conversando amigavelmente com um hóspede como se já o conhecêssemos há muito tempo, e, inexplicavelmente, após alguns momentos, estamos irritados a ponto de explodir com outro. Isto acontece todos os dias, e não somente com nossos clientes em nosso trabalho, acontece em casa com nossas esposas(os), namoradas(os), pais e amigos. Vários pesquisadores do comportamento humano descreveram estas situações como sendo resultado de diferentes características que compõem o perfil individual de cada um de nós. Dentre estes pesquisadores, gostaria de destacar aqui os doutores Stuart Atkins e Allan Katcher, que na década de 70, após um estudo com milhares de pessoas, identificaram quatro estilos de comportamento pessoal, com especial ênfase no comportamento diário no trabalho. Cada perfil continha as características de comportamento e de comunicação de cada estilo, e como eles se relacionavam entre si. Resumindo, para facilitar o entendimento dos leitores, os modelos de perfis classificados por Stuart Atkins e Allan Katcher foram divididos em quatro categorias:[1]

O Líder – aquelas pessoas que possuem traços fortes de liderança e são impulsionadas por novos desafios.

O Social – aqueles que estão extremamente à vontade com atividades de cunho social, conseguem cativar as pessoas, são extremamente agradáveis.

O Analista – aquelas pessoas que têm uma forte tendência a ser minuciosas em suas decisões, são excelentes para trabalhar com números e relatórios complexos.

O Negociador – aquelas pessoas que têm habilidades destacadas em negociação.

Cada um de nós possui um perfil baseado na composição dos quatro fatores mencionados acima. Pessoas que são reconhecidas como líderes, na verdade possuem traços mais acentuados nesta categoria, porém possuem também traços das demais, em menor proporção. Não existe um perfil ideal, cada categoria apresenta vantagens e desvantagens. Os **líderes** são ótimos para conduzirem novos projetos e são elementos de alta produtividade, gostam de metas definidas e de cumprir prazos, porém muitas vezes esta característica faz com que ele se esqueça de regras básicas que devem ser cumpridas (por sinal eles odeiam regras), e em muitas situações erros são cometidos justamente por uma etapa ter sido esquecida, na ânsia de terminar rapidamente a tarefa. Já os **sociais** tendem a tornar o ambiente de trabalho maravilhoso. Parece que estamos trabalhando na casa de nossos pais, tão grande é o ambiente familiar. As pessoas são colocadas à vontade, porém o excesso de sociabilidade faz com que metas não sejam cumpridas, e muitas vezes existe uma falta de seriedade e compromisso para atingir os objetivos. O perfil **analítico**, preocupa-se muito com a avaliação de cada etapa do trabalho. Chega a ser detalhista ao extremo, não toma

---

[1] As categorias aqui mencionadas refletem o conteúdo do perfil descrito pelos doutores em sua metodologia denominada LIFO®, porém os nomes destas categorias foram adaptados somente para melhor entendimento pelo leitor.

decisões se não tiver absoluta certeza de que tudo está no seu devido lugar, o que o torna muitas vezes lento e em certas ocasiões faz com que ele perca oportunidades e não cumpra os objetivos estabelecidos, odeia ser pressionado. Os **negociadores** têm enorme capacidade de tornar a equipe coesa, conseguem congregar gregos e troianos, cada pequena negociação é um desafio e deve ser alcançado, porém muitas vezes a preocupação em atingir um consenso na equipe faz com ele abra mão de pontos importantes do trabalho, prejudicando a qualidade final do mesmo.

Como podemos notar, cada perfil, se fosse aplicado isoladamente, traria conseqüências positivas e negativas ao nosso relacionamento com as pessoas. Uma composição que parece ser a ideal seria a distribuição uniforme de cada uma das categorias (25% de contribuição para cada item), entretanto, o que faríamos nós se não existissem os **líderes** para alavancar uma idéia, ou os **sociais** para amenizar o clima organizacional, ou os **analistas** para avaliarem com critério cada passo do trabalho ou os **negociadores** para agregarem mais pessoas ao negócio? Estudos mostraram que grupos de trabalho formados por pessoas com características predominantes de categorias diferentes são mais produtivos que aqueles formados por categorias iguais, com resultados qualitativos melhores. Grupos de mesmo perfil tendem a ser inoperantes pela ausência de fatores diferenciais que fazem com que as etapas sejam progressivas, ausentes de discussão e complemento de idéias entre os componentes do grupo. Assim como Atkins e Katcher, outros pesquisadores e psicólogos desenvolveram teorias semelhantes sobre o comportamento humano, você poderá encontrar uma centena de livros sobre o tema. Entretanto, o que acredito que seja importante é concluirmos que cada um é diferente do outro. Nossas composições determinantes do perfil comportamental são e sempre serão diferentes, podendo ser aprimoradas com experiências vivenciadas ao longo de nossas carreiras.

Mas vamos voltar ao nosso velho hotel. Você já imaginou como seria interessante conhecermos o perfil de cada funcionário? E que tal de cada cliente? Seria fantástico. Muitas organizações, ao admitirem um funcionário, fazem uma série de estudos de modo a definir o perfil correto para cada função. Isto é relativamente simples e usual, principalmente para preencher vagas cujo perfil do candidato deva ser exato. Você já imaginou um piloto de avião sem sequer um traço do analista ou um chefe de cozinha sem o traço do líder? O problema é que nem sempre podemos conhecer o perfil característico de nossos hóspedes, antes que eles cheguem ao nosso hotel. Se isto fosse possível, tudo seria mais fácil. Não entendeu o porquê disto? Veja o caso a seguir.

O Sr. Richard, importante homem de negócios atuando na bolsa de valores, está prestes a realizar um grande negócio, e por isso resolve almoçar em um restaurante próximo ao seu cliente, onde deveria estar às 15 horas daquela tarde. Ao chegar ao restaurante é recepcionado pelo maître, Sr. Cabral:

- Bom-dia senhor, fumante ou não?
- Não-fumante.
- O senhor vai esperar alguém?
- Não, estou só, e com muita pressa.
- O senhor prefere uma mesa com vista para o parque ou uma mais silenciosa no segundo andar?
- A que for mais fácil – respondeu o cliente com ar de impaciência.
- É que temos clientes que só vêm aqui pela nossa incrível vista do parque, parece até que eles vêm recuperar as energias para a tarde de trabalho.
- Está me parece boa, posso ficar aqui?
- Bem, é que esta já está montada para três pessoas, que tal aquela ali do lado? Tem também uma linda vista.
- O.k., aquela está ótima.
- O senhor gostaria de um drinque antes do almoço?
- Não, somente uma água sem gás, e o que você sugere para hoje? Algo que seja rápido.
- Bem, vou lhe dar nosso menu. Temos diversas especialidades em carnes, aves e peixes. Temos também nossas massas feitas em nossa própria cozinha. Nosso che-

fe, Sr. Bolognese, é italiano e especialista em massas, recentemente esteve fazendo um curso na Itália e trouxe diversas novas receitas que estão contidas em nosso menu.
- Sei, mas o que é realmente rápido?
- O senhor está com muita pressa?
- Bem, preciso estar às 15 horas em meu cliente.
- Acho que temos tempo suficiente para qualquer um dos nossos pratos, com exceção dos risotos, a maioria dos pratos não leva mais do que 20 minutos para ser servido.
- Preciso algo mais rápido, que tal este Raviolli Primordiali?
- Ótima escolha, é um Raviolli feito em casa, com recheio de nozes e com molho de salmão. É uma de nossas especialidades e não demora muito.
- Molho de salmão? Não gosto muito de peixes. Poderia ser com algum outro molho?
- Um minuto que vou perguntar ao chefe – saindo rapidamente, não dando tempo para o cliente escolher outro prato mais fácil.
- Após alguns minutos o maître retorna.
- Senhor, o chefe não recomenda a troca do molho de salmão, porque segundo ele esta é a combinação ideal com este tipo de massa e recheio.
- Esqueça o Raviolli. Acho que vou ficar com este Tortellini BiancoNero.
- Excelente, este é um dos nossos pratos mais pedidos. É massa feita em casa, com molho de cogumelos secos e frescos, que lhe dá uma cor maravilhosa, o senhor por certo vai adorar.
- Perfeito, peça um pouco de pressa na cozinha, por favor. Acho que vou me atrasar.
- Pode deixar comigo, vou pedir ao chefe para apressar este pedido. O senhor gostaria de alguma entrada ou um segundo prato? Temos excelentes saladas, todas

vindas diretas de nossa horta, e selecionadas e temperadas na hora, eu mesmo posso fazer o molho aqui na sua mesa.
- Não, por favor, só a massa – respondeu asperamente o cliente já irritado.
- Certo, então um Tortellini BiancoNero, e para beber?
- Eu já lhe disse. Uma água sem gás.
- Com gelo e limão?
- Não. Não. Só a água.
- Certo. Eu esqueci de perguntar, o senhor aceita um couvert enquanto espera a massa?
- Acho que não.
- É um excelente couvert, com patês caseiros e pães quentes, feitos pelo nosso padeiro, um português especialista em croissants.
- Senhor, eu estou com muita pressa, e não quero nenhum couvert – encerrando a conversa o cliente mais que irritado.

Alguns minutos depois, um garçom traz a água pedida. O cliente vê Cabral, o maître, se aproximar.

- Senhor, como está sua água. Está na temperatura ideal?
- Sim – responde secamente o cliente.
- Infelizmente, senhor, hoje não temos Tortellini, ontem à noite a casa esteve lotada e não conseguimos renovar nosso estoque.
- O senhor levou 10 minutos para me dizer que o prato não vai sair?
- Veja, nossa cozinha está muito movimentada e o seu molho já está pronto. O chef sugere que o senhor troque o Tortellini por um Capeletti.
- Pode ser, mas que seja rápido, rápidooooo – quase aos berros com o maître postado ereto ao seu lado.

- Ótimo, não se preocupe que o senhor não irá se arrepender. Nosso Capeletti também é caseiro, leva um recheio de peru defumado com tomates secos, é uma verdadeira maravilha – afastando-se rapidamente da mesa.

Após 15 minutos de espera, o cliente já vermelho de raiva e verde de fome chama o maître.

- Eu não entendo por que está demorando tanto, se o molho já estava pronto?
- Tenha calma, senhor. Eu posso explicar. Como nós causamos um transtorno ao senhor com falta dos Tortellini, o chef resolveu criar um pequeno prato surpresa para o senhor, como cortesia e desculpas pelo nosso erro. Levará somente mais uns 10 a 15 minutos.
- Esqueça, esqueça, esqueça. Eu só quero é almoçar rápido e eu acho que já perdi a vontade de comer hoje – levantando-se e saindo furioso da sala do restaurante.

Casos como o do Sr. Cabral e o seu cliente, guardadas as proporções e particularidades, acontecem todos os dias no setor de prestação de serviços. De um lado, bem intencionado, o prestador de serviço tenta oferecer o que há de melhor, tenta fazer o possível para agradar; entretanto, do outro, está o cliente, com outras expectativas. No caso do nosso cliente, ele somente queria ser atendido rapidamente, não estava preocupado se o almoço seria um suculento prato preparado por um chef internacional, ou um simples hambúrguer. Outro ponto não percebido pelo Sr. Cabral é que o cliente demonstrou desde o início não estar em busca de atividades sociais (ou seja, não queria muito papo). Os relatórios em sua mão, e sua preocupação em relê-los, são outra evidência de que ele estava preocupado, e portanto necessitaria de um lugar sossegado com o mínimo de interrupções possíveis. Se o Sr. Cabral, o maître, tivesse observado atentamente o comportamento de seu cliente, claro que o atendimento seria um sucesso. O grande problema da maioria dos profissionais do setor de atendimento ao cliente, e especialmente de hotelaria, é tratar todos os clientes da mesma maneira, conforme padrões estabelecidos e que não possibilitam a análise das diferenciações e um atendimento de necessidades específicas de cada cliente. Se conseguirmos que cada um dos atendentes de linha de frente, recepcionistas, garçons, camareiras, maîtres, gerentes saibam como identificar o perfil principal de cada cliente, isto fará com que o tratamento seja diferenciado, de modo a atender à necessidade de cada momento, e atender aos anseios dos clientes. E o que ganharemos com isso? Clientes mais contentes, provavelmente mais fiéis, funcionários menos estressados, com menos conflitos. Isto serve para qualquer relação em nossas vidas. Por extinto, já fazemos isto com nossos pares, familiares, filhos – procuramos tratá-los de acordo com o perfil de cada um, moldando nossas atitudes e ações de acordo com o comportamento destes interlocutores. Claro que transformar nossos funcionários em analistas de "perfil comportamental" pode levar um certo tempo, e exigir um pouco de esforço. As pessoas devem ser treinadas a perceber e observar o comportamento dos clientes. Um detalhe, um pequeno sinal, um sorriso, um gesto, podem ser indicadores de definição do tipo de cliente que você enfrentará. E, descoberto isto, você estará pronto para dar um show de atendimento, como se você tivesse se preparado, horas e horas, para recebê-lo e melhor atender aos seus anseios.

Curiosidades da Hotelaria

Acabei de voltar do meu jantar no hotel em que estou hospedado a trabalho em Recife, e não poderia deixar de registrar mais um fato engraçado e que ilustra o capítulo que você, leitor acabou de ler.

O restaurante do hotel estava vazio, o que é uma rotina para muitos restaurantes dentro de hotéis, e o garçom podia então dedicar total atenção ao meu pedido.

Escolhi um "carpaccio em salada verde" de entrada e, como de costume, recomendei para o garçom que o chef não colocasse o famoso "queijo parmeggiano" sobre o mesmo (que meus ancestrais italianos não ouçam, mas eu detesto este tipo de queijo).

O garçom anotou cuidadosamente o meu pedido, e me garantiu que o carpaccio viria sem o queijo ralado. Como segundo prato ele sugeriu um peixe ao molho de maracujá que poderia ser acompanhado de purê de batatas. Topei a pedida...

Dez minutos depois, chega o carpaccio à mesa e, para minha surpresa, SEM O QUEIJO RALADO. Finalmente atenderam as minhas preces e trouxeram o prato certo. Estava ótimo. PORÉM, minutos depois chega à mesa o Peixe ao Maracujá, simpático e suculento. NÃO FOSSE PELA QUANTIA GENEROSA SOBRE O PURÊ DE BATATA DE, ADVINHEM O QUÊ?

QUEIJO RALADO!!!

Por isso, uma arte que deve ser ensinada a todos da linha de frente na hotelaria é:

> "OUVIR, PRESTAR ATENÇÃO E TER BOM SENSO!"

MÉTODO PRÁTICO PARA IDENTIFICAR O PERFIL DO CLIENTE

Ao contrário das pessoas que estão a nossa volta, todos os dias, os clientes de um hotel poderão estar frente a você por poucos minutos. E esta é a dificuldade principal para nosso trabalho, não teremos tempo suficiente para descobrir o real perfil de cada cliente, portanto a análise e a avaliação de cada detalhe serão fundamentais, de modo a permitir que haja uma possibilidade de entendermos o que o cliente realmente espera de nós. Se conseguirmos definir suas necessidades e expectativas, claro que poderemos atendê-lo melhor. Esta ferramenta é um complemento ao serviço de atendimento profissional que cada uma das funções do hotel deve ter. De nada adianta você ter um recepcionista com excelente percepção do perfil dos clientes, se ele não conhece bem sua tarefa principal, e com isto causa outros problemas.

Podemos dividir nossa tarefa para análise do perfil do cliente em três principais fases:

FASE 1 – Observação Visual

FASE 2 – Comunicação Verbal

FASE 3 – Ação de Confirmação

A **FASE 1 – Observação Visual** é muito importante para que possamos iniciar o estudo do perfil de nosso interlocutor. Nesta etapa observaremos como a pessoa está vestida, se está usando roupas formais ou esportivas, se está usando jóias, se tem feições relaxadas ou tensas, seu modo de andar, tipo de óculos que usa, se leva consigo utensílios (maleta executiva, notebook, etc.), ou seja, se estará observando todos os detalhes das características externas do cliente avaliado. Claro que esta análise será melhor cada vez que tivermos mais tempo para realizá-la. Porém, muitas vezes o cliente aparece a nossa frente em questão de segundos, o que obrigará o atendente a realizar esta fase juntamente com a FASE 2. O conjunto de informações coletadas nesta primeira fase de observação poderá fornecer algumas evidências importantes para uma conclusão futura. Por exemplo se o cliente estiver vestido formalmente, carregando uma maleta tipo executivo, dirigindo-se rapidamente a você – poderá indicar que a pessoa tem pressa e portanto necessita de rapidez em suas ações. Se, por um outro lado, o hóspede estiver totalmente esportivo, calçando tênis com óculos escuros estilo Tom Cruise e com um sorriso aberto, pode significar que o mesmo espera de você atenção, além da interlocução social. Repare que estamos colocando aqui o termo "pode significar". Você já ouviu aquela máxima de que às vezes as aparências enganam; portanto, concluir sua análise e partir para uma série de ações de atendimento, sem antes passar pela FASE 2 – comunicação verbal, é, no mínimo, muito perigoso.

A **FASE 2 – Comunicação Verbal** é complementar ao que já foi concluído na etapa de observação visual. O primeiro contato verbal é o que definimos como sendo a gota d'água em um atendimento. Dependendo das primeiras frases trocadas, podemos perceber claramente se a relação terá um final feliz ou não. Aqui vale outra máxima, aquela que diz que você não terá uma segunda oportunidade de causar uma primeira boa impressão. Portanto, independente do tipo de cliente que está a sua frente, os primeiros minutos serão vitais para o sucesso de seu atendimento. Cuidado com o atendimento padrão. Aquelas bobagens que muitas vezes são ensinadas em treinamentos de atendimento, como, por exemplo, "sorria e diga bom-dia ou boa-noite, em que posso servi-lo?", às vezes não é o melhor início. Lembre-se da fase anterior. Nem sempre um cliente espera de você frases feitas. Principalmente se o cliente estiver dirigindo-se a você para fazer uma reclamação, um sorriso de boas-vindas poderá ser desastroso. Procure adaptar-se ao seu interlocutor, se ele está aberto e sorrindo, troque com ele um sorriso maravilhoso. Se ele parece formal e sério, haja com o maior profissionalismo possível. Isto não significa que, se o cliente estiver gritando, você deva gritar também, se estiver chorando você deva acompanhá-lo, vocês entenderam o que eu quis dizer. Para dar início à conversa é importante lembrarmos de algumas regras. Caso o cliente comece a conversa, ou seja, ele já tem uma necessidade definida (isto ocorre na maioria das vezes), você terá que responder provavelmente a alguma questão ou prestar algum serviço. Se tudo estiver claro, somente pela colocação do problema pelo cliente você poderá tirar algumas conclusões. Lembre-se dos estilos anteriormente descritos. No quadro a seguir, damos

Tipo de cliente	Apresentação Típica de Um Problema ou de Uma Necessidade
Líder	Irá colocar o problema com poucos detalhes, será claro no que espera de você, estará ansioso por uma resposta, poderá lhe fazer mais de um pedido ao mesmo tempo.
Social	Antes de entrar no assunto, provavelmente irá tentar puxar conversa sobre qualquer assunto, poderá perguntar como você está indo hoje, comentar que o dia está lindo ou qualquer outra coisa, geralmente estará em alto astral, não terá tanta pressa em obter as informações desejadas.
Analítico	Irá contar com detalhes todo o seu problema, irá deixar bem claro o que pretende de você, provavelmente irá checar se você entendeu o que ele necessita, repetindo frase a frase o que já foi dito, irá também acompanhar passo a passo suas atitudes, verificando se tudo está certo, normalmente não tem pressa, quer garantir que tudo esteja certo.
Negociador	Colocará o problema para você, provavelmente dando as opções para a solução. Tentará obter além do que as regras normalmente estipulam, possui raciocínio lógico, e tentará convencê-lo de que sempre existe uma solução de consenso.

uma pequena idéia da forma de apresentação de um problema em cada um dos perfis típicos dos clientes. São sugestões para que você comece a treinar a observar como são feitas as colocações pelos clientes.

Caso você seja obrigado a começar o contato, é sempre interessante iniciar com alguma questão que obrigue o interlocutor cliente a lhe dar uma resposta mais longa, que permitirá a você formar melhor seu conceito sobre o mesmo. Independente de quem começa a argumentação em um primeiro contato, é importante observar o tom de conversa que o cliente mantém observando as características apresentadas no quadro acima. Após as FASES de observação e comunicação terem sido realizadas, e portanto agora você ter uma visão mais clara sobre o perfil do cliente, é hora de entrarmos na fase que realmente irá trazer resultados junto aos clientes.

A **FASE 3 – Ação de Confirmação** recebe esta denominação, pois é nela em que o atendente irá verificar se o seu diagnóstico conclusivo, após as fases 1 e 2, obterá o aval do cliente. Se a sua conclusão apontar para um cliente analítico, é claro que sua prestação de serviço deverá ser bem profissional, repleta de detalhes e muito clara. Você não deve ter pressa, nenhum detalhe pode ser esquecido. Após sua performance, você saberá se o cliente ficou satisfeito ou não. Se você aplicar estas três fases no seu dia-a-dia, em cada atendimento que fizer, claro que a cada dia sua metodologia própria de análise de perfil de clientes ficará mais desenvolvida. Você pode treinar as fases 1 e 2 com amigos e parentes. Tente definir o perfil típico de cada um deles, isto poderá ajudá-lo a ganhar mais experiência nesta tarefa. Como resultado final da fase 3, esperamos obter a satisfação de nossos clientes, independente de seu perfil.

A seguir apresentamos um quadro com os principais anseios de cada perfil de cliente. Ele demonstra como o cliente espera ver você, atendente, sob sua ótica.

Tipo de cliente	Apresentação Típica de Um Problema ou de Uma Necessidade
Líder	Seja rápido. Resolva isto da melhor maneira possível. Seja objetivo e direto. Não perca meu tempo com formalidades.
Social	Fale comigo. Seja atencioso. Seja simpático. Não tenha pressa.
Analítico	Preste atenção no que digo. Não cometa erros. Mostre-me todos os detalhes. Não tenha pressa.
Negociador	Entenda meu ponto de vista. Ofereça alternativas para solucionar meu problema. Não seja taxativo, dono da verdade. Seja flexível.

Os Quatro Perfis Comportamentais

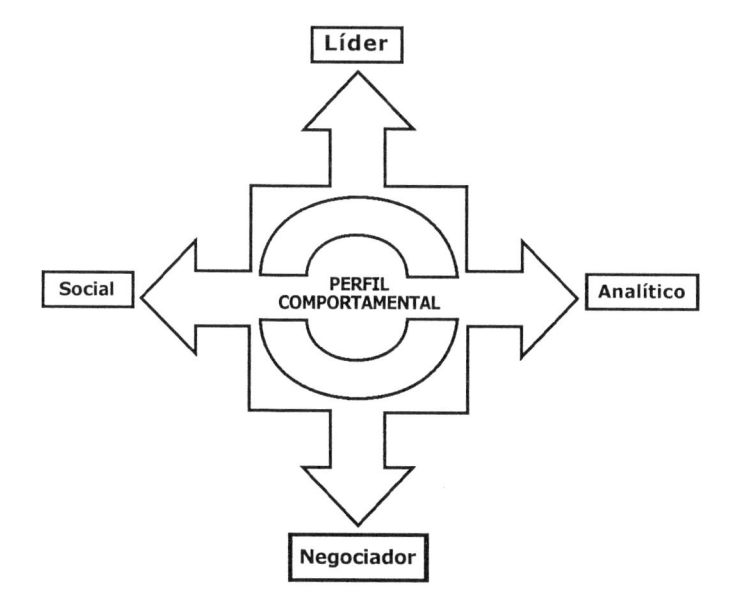

```
              ┌───────┐
              │ Líder │
              └───────┘
                 ▲
                 │
   ┌────────┐  ┌───────────────┐  ┌──────────┐
   │ Social │ ◄│    PERFIL     │► │ Analítico│
   └────────┘  │ COMPORTAMENTAL│  └──────────┘
               └───────────────┘
                 │
                 ▼
            ┌────────────┐
            │ Negociador │
            └────────────┘
```

Curiosidades da Hotelaria

Veja este procedimento de evacuação, exposto no apartamento de um hotel visitado por mim:

... em caso de soar o alarme, proceda da seguinte forma:
- mantenha a calma sempre;
- não perca tempo recolhendo seus pertences;
- ao sair, feche a porta de seu apartamento (???);
- não utilize elevadores;
- se houver muita fumaça nos corredores, cubra seu rosto com uma toalha úmida e se dirija à saída mais próxima (indicada pela palavra "EXIT");
- se o excesso de fumaça ou fogo não lhe permitir sair do apartamento, permaneça no mesmo com a porta fechada e uma toalha molhada vedando a fresta da porta. VOCÊ ESTARÁ A SALVO EM SEU APARTAMENTO, JÁ QUE A PORTA PODE RESISTIR AO FOGO POR, NO MÍNIMO, UMA HORA.

O que você pode fazer nesta hora (ALGUMAS sugestões do autor):

1. REZAR.
2. FAZER O SEU TESTAMENTO E ATIRÁ-LO PELA JANELA.
3. ASSISTIR CALMAMENTE AO ÚLTIMO CAPÍTULO DA SUA NOVELA FAVORITA.
4. FAZER SEU RELATÓRIO ATRASADO.
5. ESQUECER ESTES PROCEDIMENTOS E PROCURAR UMA ALTERNATIVA MAIS INTELIGENTE.

LEMBRE-SE, A COMUNICAÇÃO COM OS CLIENTES É MUITO IMPORTANTE, PORTANTO...
CUIDE DELA COM CARINHO...

OS FATORES EXTERNOS E SUA INFLUÊNCIA NA QUALIDADE DO HOTEL

Um amigo meu atuando na área de propaganda e marketing disparou um dia desses a seguinte frase: "Renato, Qualidade não vende mais!" Quis ele se referir aos programas de qualidade estarem fora de moda, e que o *boom* da qualidade na década de 80 estava superado. Sou obrigado a concordar com ele em certo ponto. Só nestes últimos meses, com a chegada de um novo milênio, os gurus e profetas organizacionais ligaram na tomada suas bolas de cristal e muitos deles defenderam a tese de que qualidade faz parte do passado, ou seja, suponho que, se qualidade, em termos gerais, não é mais uma preocupação da gestão dos negócios hoje, se deve ao fato de que as organizações já atingiram um estágio mínimo aceitável pelo nicho de mercado em que atuam. Esta afirmativa não é inteiramente verdadeira, o que se quer transmitir com a mensagem "qualidade já era" é que qualidade já deveria fazer parte da rotina de trabalho das organizações, e que o negócio agora seria sofisticar o atendimento em busca de outros diferenciais. Não posso concordar em número, gênero e grau com esta tese. Vamos pegar o exemplo da hotelaria. O que significa ter qualidade em hotelaria? Significaria você possuir quartos limpos? Ou ter lençóis macios e impecavelmente passados? Ou uma adega de fazer inveja aos franceses? Ou possuir um recepcionista que fala fluentemente quatro línguas? Se você não conseguiu responder nas questões anteriores pelo menos um "meu hotel tem isto", posso concluir que seu hotel não possui qualidade? Evidente que não. Trabalho com implementação de sistemas da qualidade há mais de 15 anos, neste período eu tive a oportunidade de visitar inúmeras empresas, dos mais diversos ramos de atividade. Não quantifiquei quantos hotéis visitei, mas, entre trabalho e ócio, foram muitos, de todos os tipos, e de todas as categorias. Posso afirmar com muita segurança que a definição tradicional do conceito de qualidade, em hotelaria, vale muito pouco. A magia do serviço hoteleiro, aliada ao estado de espírito do cliente, somada aos serviços prestados, as instalações, etc., faz com que seja definida a qualidade do hotel. Vamos entrar um pouco mais neste assunto. Iniciemos avaliando as razões porque um cliente se hospeda em um hotel. De modo mais simplista você poderá responder rapidamente, um cliente vai a um hotel ou por negócios ou por turismo. Concordo, porém podemos aprofundar ainda mais este conceito, tentando entender as situações que podem fazer alguém sair de seu lar e passar uma, duas, três noites ou, às vezes, até meses em nosso hotel. Veja algumas possibilidades, e, ao ler cada uma delas, tente se recordar se estes clientes já passaram pelo seu hotel.

MOTIVOS QUE LEVARAM OS CLIENTES AO HOTEL TIPOS DE CLIENTES
1. Casal em lua-de-mel, com despesas dadas de presente por parentes.
2. Casal em lua-de-mel, com despesas por conta própria.
3. Negócios, com empresa arcando com as despesas.
4. Negócios, com cliente arcando com as despesas.
5. Negócios, com o hóspede arcando com as despesas.
6. Negócios com acompanhantes a lazer.
7. Casal em férias anuais.
8. Solteiros em férias anuais.
9. Casal aproveitando um feriado.
10. Solteiros aproveitando um feriado.
11. Hospedagem inesperada por problemas com o transporte (avião, carro, navio).
12. Passantes (*walk-in*).
13. Hóspedes de convenções, feiras e similares.

14. Hóspedes em cortesia.
15. Casal com bebês.
16. Casal com filhos adolescentes.
17. Pessoas hospedadas para acompanhamento de tratamento de saúde, pessoal ou relativo a familiares.
18. Mãe com filhos.
19. Pai com filhos.
20. Amantes.
21. Namorados.
22. Turismo Sexual.
23. Hospedagem freqüente obrigatória (ex. tripulantes de empresas aéreas).
24. Enterro de parentes ou amigos.
25. Aniversários de casamento.
26. Dedetização da moradia principal.
27. Convenções no próprio hotel.
28. Convenções em outros locais.
Etc.

Poderia brincar horas tentando aumentar nossa lista, tenho certeza de que você mesmo, ao ler, já lembrou de mais algumas. O motivo por termos feito este tipo de reflexão é que para cada tipo de cliente ou motivo da viagem, as expectativas e anseios dos clientes são totalmente diferentes. A qualidade intrínseca de um hotel dependerá fundamentalmente deste fator. A disposição do cliente, seu astral, o seu momento atual de vida, o motivo de sua viagem, são fatores determinantes para que a qualidade do hotel possa ser definida. Todos estes fatores denominamos de Fatores Externos, porque fogem, na maioria dos casos, do alcance de ação do hotel. Para os matemáticos poderíamos definir a qualidade de um hotel pela seguinte fórmula:

Qualidade do Hotel

=

Fatores Externos

+

Qualidade do Atendimento

+

Qualidade dos Produtos Oferecidos

+

Qualidade das Instalações

Você poderá abordar de outras maneiras este mesmo assunto, porém aqui estou considerando que os tais "fatores externos" colaboram com o mesmo peso que os fatores usualmente avaliados: qualidade de atendimento, produtos e instalações. Alguns hotéis estão mais sujeitos às intempéries dos seus hóspedes. Dependendo do motivo da viagem, e do tipo de cliente ao qual o hotel serve, é evidente que o grau de expectativas e ansiedades deva ser maior ou menor. Por exemplo, um hotel que receba clientes de negócios deve se preparar para receber clientes normalmente mais estressados, pelos afazeres e pelas pressões de uma viagem de negócios. Esta pode ser uma das razões para, cada vez mais, hotéis deste tipo estarem se preocupando com o lazer de seus clientes. Muitos oferecem áreas de lazer, entretenimento, *fitness center*, com programações específicas para atender ao hóspede de negócios, no seu tempo livre nas próprias dependências do estabelecimento. Infelizmente, nem todos os fatores externos conseguem ser previstos ou mesmo evitados. Receber clientes que estejam em uma maré baixa continua sendo um tremendo desafio para os profissionais da hotelaria. Muitas vezes um cliente que chega ao hotel, após passar por uma série de problemas, tais como atrasos no aeroporto, extravio de bagagem, perda de compromissos ou brigas com taxistas, tende a se transformar em cliente crítico potencial. Qualquer deslize, erro ou mesmo desinformação de um funcionário será suficiente para tornar o ambiente insuportável. Pois é neste momento que o hotel poderá reverter a situação, e muitas vezes ganhar um cliente fiel. Vejamos a situação a seguir.

Bernardete é uma diretora de uma das mais importantes empresas do ramo têxtil da América do Sul. Acostumada a diversas viagens de negócios, que lhe tomam boa parte de seu tempo, parece não estar em uma fase de boa sorte. Após perder um grande negócio para seu principal concorrente foi chamada para uma reunião com um antigo cliente, na Venezuela, para rediscutir preços de um antigo contrato. Ela sabia que teria que ceder em muitas exigências do cliente para não perder outro contrato. Bernardete em vôos internacionais utilizava sempre a primeira classe ou executiva, pois poderia chegar ao local de trabalho descansada e pronta para executar seu trabalho. Desta vez parece que tudo estava dando errado. Ao chegar ao aeroporto foi avisada que seu vôo fora cancelado e que, após quatro horas de espera no aeroporto, seria colocada em um vôo de outra companhia. Como as classes primeira e executiva estavam completas, e seu compromisso era no dia seguinte, aceitou viajar na classe econômica. Foi um vôo muito cansativo, com algumas escalas e atrasos inexplicáveis. Com quase 12 horas de atraso (o que fez com que ela tivesse que alterar toda sua programação, transferindo sua reunião para o dia seguinte), Bernardete chega ao hotel extremamente irritada:

- Boa-tarde Sra. Krugger (o sobrenome de Bernardete), seja bem-vinda ao Palace Hotel. Fez boa viagem? – Sorridente, Tina, a recepcionista, iniciou o *check-in.*
- Infelizmente não, meu vôo foi cancelado e após muito custo consegui chegar até aqui.
- Infelizmente estas coisas acontecem, faremos o possível para a senhora ter uma estada agradável em nosso hotel, que compense os seus problemas durante a viagem – interferiu a recepcionista com ar de quem tinha certeza do que estava dizendo.
- Obrigada, respondeu Bernardete com ar desconfiado.
- Vamos acomodá-la em uma suíte especial. Com uma hidromassagem e, caso deseje, mandarei entregar sais de banho aromatizados, são ótimos para relaxar. Nossos hóspedes adoram após um longo vôo.

Ainda incrédula, Bernardete foi conduzida a sua suíte. Não era nada excepcional, porém a presteza das pessoas surpreendia. Nem mesmo conseguira abrir sua mala, e um leve toque de campainha soava. Era a camareira já entregando os sais de banho citados. Pareciam muito simpáticos, e seu aroma era delicado. Bernardete conseguiu se restabelecer após quase uma hora no relaxamento de seu banho. Pôde colocar as idéias no lugar e repassar as estratégias para sua importante reunião no dia seguinte. Já passavam das sete da noite e Bernardete não tinha a menor vontade de novamente se vestir para ir a um restaurante jantar, apesar de já ter recuperado seu apetite. Resolvera então fazer o pedido através do *room service*. Pegou o telefone e discou o ramal 235.

- *Room service*, Leopoldo, boa-noite Sra. Krugger, em que podemos servi-la esta noite?
- Eu gostaria de fazer um pedido. Gostaria de um Filet a Poivre, e um Creme de Champignons de entrada.
- Como gostaria seu filet, bem passado ou ao ponto, Sra. Krugger.
- Ao ponto, por favor.
- Algo para beber? Caso prefira, temos uma excelente carta de vinhos, gostaria de recebê-la enquanto aguarda seu pedido?
- Não, hoje não, eu gostaria de um suco de laranjas.
- Sobremesa?
- Não, obrigada.

O atendente confirma todo o pedido e promete a entrega para aproximados 20 minutos. Antes de o prazo expirar, lá estava um garçom elegantemente trajado, entrando na suíte de Bernardete, com uma mesa muito bem montada. Após o garçom se retirar, Bernardete não resistiu a ficar parada alguns minutos olhando o trabalho que parecia uma obra de arte na montagem da mesa. Tudo estava impecável, os talheres, o guardanapo, o copo, enfim perfeito. O que mais chamou a atenção foi um bilhete colocado junto ao vaso com flores do campo naturais que dizia: "Esperamos que seu jantar esteja a contento, caso necessite de algum outro item, não hesite em contatar-me. Leopoldo." O que despertou o interesse em Bernardete não fora a frase em si, mas sim o detalhe de o bilhete, apesar de ter a logomarca do hotel, ter sido manuscrito. O banho e o jantar estavam perfeitos, e fizeram com que Bernardete praticamente esquecesse o péssimo dia que tivera. Antes de dormir, teve tempo ainda para revisar alguns relatórios.

Pontualmente às 6h30min o telefone tocou na suíte, e uma voz feminina anunciava o despertar.

- Bom-dia Sra. Krugger. Nós, do Palace Hotel, lhe desejamos um ótimo dia. Podemos lhe servir o café em sua suíte?

- Acho que seria bom, pensando na noite anterior agradável que tivera.

Fez rapidamente o pedido, e após 15 minutos já estava tomando o café, enquanto terminava seus últimos acertos para a importante reunião. Quase não percebeu um pequeno bilhete, amarrado em forma de pergaminho, que dizia em letras manuscritas:

> "O que motiva as pessoas a viverem todos os dias é saber que cada novo dia pode ser diferente, e que cada diferença pode ser gerada por nós. Se ontem o dia não foi totalmente bom, hoje, com certeza, podemos criar nossas diferenças para torná-lo melhor."
>
> Prezada Sra. Krugger
>
> Desejamos um excelente dia.
> Tina, Recepcionista -
> Palace Hotel

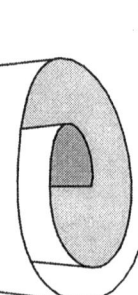

Bernardete estampou um sorriso imenso, talvez sua primeira expressão relaxada das últimas 24 horas. O bilhete realmente fizera com que uma vontade de vencer aflorasse em seu interior, há muito ela não se sentia tão motivada, talvez esta fosse a força que estava faltando para ela partir ao encontro difícil com seu cliente.

Vinte dias depois, o Gerente Geral do Palace Hotel recebe a seguinte carta.

Prezados Amigos do Palace Hotel,

Hoje é um dia muito importante para nossa empresa, pois recebemos o aceite de contrato de um de nossos principais clientes, localizado em sua cidade.

Não poderia deixar de agradecer, através destas poucas palavras, a participação de todo o staff do hotel nesta conquista. Estive hospedada em vosso hotel, para a reunião de fechamento do contrato, e após uma série de incidentes de viagem, cheguei aí praticamente arrasada. Bastou uma noite de serviços prestados por profissionais competentes e, acima de tudo, por seres humanos maravilhosos, para que eu conseguisse assumir novamente meu posto de executiva, e batalhar na conquista deste importante contrato junto ao nosso cliente. São estas pequenas coisas que fazem a diferença nas organizações.

Parabéns a todos da equipe, e não vejo a hora de poder me hospedar novamente com vocês.

Sinceramente,

Bernardete Krugger

O caso da Sra. Krugger demonstra claramente como um hotel pode, com pequenas ações, reverter uma situação que deveria ser totalmente adversa. É claro que, para que isto seja possível, teremos que dedicar esforços na conscientização de nosso corpo de colaboradores. Uma espécie de lavagem cerebral, ou banho de conceitos de qualidade, deve ser dada em cada um deles. Ainda não será o suficiente, será necessário praticar, praticar, praticar. É um trabalho de formiga. Deve ser repetido em cada momento, dia após dia. Mas pode ter certeza, os frutos virão. Repare que estas atitudes independem do tipo de hotel, pode ser um mega hotel com 1.000 apartamentos, ou pode ser uma pousada de 10 quartos. Cada um pode encontrar a melhor forma de minimizar os fatores externos, componentes fundamentais para atingirmos a qualidade esperada. Ao encontrar a melhor forma, devemos então disseminar a idéia por todas as pessoas, e aí o papel da direção do hotel e da gerência geral é fundamental. Eles devem ser o exemplo de aplicação desta simples idéia. Não é possível padronizar ações deste tipo, porém cada funcionário da linha de frente deve ser incentivado, e possuir autonomia definida para atuar nestas situações.

Curiosidades da Hotelaria

Esta vem de um amigo dos EUA. Por lá a PADRONIZAÇÃO dos atendimentos chega a ser até irritante. Veja o caso ocorrido em um restaurante, destes de serviço rápido.

Os dois clientes chegam ao restaurante e são levados pelo maître até a sua mesa. Dois cardápios são rapidamente entregues.

Dois minutos depois, a garçonete, com aquele sorriso forçado, chega à mesa e diz...

– Olá rapazes, como está o dia de vocês hoje?

Os clientes olham para ela com um semblante de preocupação, e um deles se arrisca a explicar.

– Nada bem, pois acabamos de internar nossa mãe no hospital.

A garçonete, demonstrando toda a eficácia americana e o cumprimento à risca de seus procedimentos de trabalho, dispara ...

– ÓTIMO, O QUE VÃO QUERER HOJE, SOPA OU SALADA???

LEMBRE-SE SEMPRE...

PADRONIZAÇÃO É IMPORTANTE, PORÉM DEVE SER BEM UTILIZADA !

A GESTÃO AMBIENTAL E A HOTELARIA

Se a qualidade foi a vedete dos anos 90 no setor de serviços, a preocupação com o cenário ambiental deverá ocupar bom espaço no inicio deste milênio. A hotelaria não poderia fugir a esta regra. Cada vez mais tem aumentado o nível de discussão e percepção das pessoas quanto aos temas relacionados com o meio ambiente. Nunca se deu tanto espaço na mídia para assuntos de natureza ambiental. Os desastres ecológicos têm ocupado grande espaço nos principais noticiários. Existe um crescente aumento no número de organizações não-governamentais que baseiam suas atividades na defesa do planeta. O segmento hoteleiro mundial tem atuado nesta área, já há alguns anos, porém com enfoque fortemente na redução de custos e desperdícios. Os hotéis europeus, desde os anos 80, têm usado técnicas para minimizar o uso de recursos naturais, tais como energia e água. Uma boa razão para isto, mais que uma conscientização ecológica, tem sido os altos custos de energia e água praticados no velho mundo. Os hotéis asiáticos também têm sido exemplos de organizações com preocupação ambiental. Muitos hotéis no Japão, China e Coréia têm implementado programas de boas práticas ambientais, com forte enfoque na redução de desperdícios e reaproveitamento de materiais. A AHMA – American Hotel and Motel Association, a mais importante entidade americana na hotelaria, tem incentivado seus associados a praticarem programas de gestão nos Estados Unidos. No Reino Unido, a IHEI – International Hotel and Environmental Initiative –, uma organização mantida pelo Príncipe Charles, dedica-se ao trabalho de desenvolver em hotéis programas básicos de redução de desperdícios e de uso de recursos naturais. Muitas entidades com este mesmo fim têm nascido nos últimos anos. No Brasil, a ABIH – Associação Brasileira da Indústria de Hotéis, através de uma iniciativa de seu atual presidente, Sr. Herculano Iglesias, trouxe ao Brasil um programa chamado Hóspedes da Natureza, baseado no modelo da IHEI do Reino Unido. Entusiasta do programa, Herculano defende a tese de que este programa despertará em muitos hotéis a conscientização para o uso de métodos de trabalho mais adequados, com maior respeito pelo meio ambiente. Entrevistamos o Sr. Iglesias a respeito do assunto:

Como nasceu a idéia de trazer este programa para o Brasil?

Por eu ser uma pessoa preocupada com a natureza, fixei como uma das metas da minha gestão frente à ABIH-NACIONAL, a implantação nos hotéis brasileiros de ações ambientalmente corretas. Então trouxemos de Londres um "Action Pack", isto é, um Pacote de Ações constante de tecnologia, porém o Programa Hóspedes da Natureza foi desenvolvido aqui.

Quais as vantagens da adoção deste sistema?

Economizar energia (bastante atual), água, diminuição dos efluentes sólidos, diminuição do uso de detergentes, reciclagem de material. Conscientizar os funcionários, fornecedores e clientes, para eles próprios difundirem as ações nas suas comunidades e empresas. Poder usar o Selo Ambiental, reconhecido pela UNEP, IHEI e IH&RA, inclusive para o marketing da empresa.

Quantos Hotéis já aderiram ao programa?

Fizemos inicialmente um programa piloto em Foz do Iguaçu, com a finalidade também de aprendermos como desenvolver este programa. Na ocasião, 11 (onze) aderiram, fizemos depois em 4 (quatro) hotéis de Curitiba para treinarmos consultores para fazerem o diagnóstico ambiental dos hotéis. No Rio de Janeiro, estamos implantando no Rio Centro e em um Hotel. Atualmente, temos marcado seminários em Santa Catarina, Rio Grande do Sul, Minas Gerais, Pará, Paraná, Amazonas e Ceará.

Como você vê a adoção deste programa no momento atual da crise energética?

Extremamente atual. Nossa entidade se antecipou ao problema e está em condições de oferecer aos empresários que atuam no país toda esta tecnologia que pode diminuir até em 30% o consumo de energia. Sem contar os outros benefícios acima citados.

Observação:

UNEP – orgão da Nações Unidas para o meio ambiente.

IHEI ONG – criada e presidida pelo príncipe Charles.

IH&RA – associação internacional de hotéis.

Uma barreira, que nem sempre é considerada, nos programas de gestão ambiental em hotéis, é a legislação ambiental vigente. Muitas organizações são surpreendidas com notificações de órgão de controle ambiental, sobre descumprimentos de regulamentações, muitas vezes desconhecidas do proprietário do estabelecimento. Nossa legislação nesta área tem evoluído muito nos últimos anos, e passou a ganhar tamanho destaque na mídia que despertou interesse do poder público, de modo a aumentar o nível de exigências quanto à aplicação legal da mesma.

O Modelo ISO 14001 Aplicado a Hotéis

Nascida em 1996, na Europa, a norma ISO 14001 é a irmã mais nova das normas ISO 9000 (da Qualidade), com enfoque específico na Gestão Ambiental. Criada com o objetivo de definir critérios para um efetivo sistema de gestão do meio ambiente, a ISO 14001 ganhou espaço rapidamente nas organizações, devido ao fato de ser considerada menos burocrática que outras normas já existentes, com enfoque extremamente prático. Inicialmente o setor industrial foi o grande consumidor deste modelo de gestão. Mais recentemente, a ISO 14001 tem sido implementada com sucesso por diversas empresas do segmento de serviços. Diversos hotéis na Europa e na Ásia já obtiveram a certificação conforme este modelo. Por ser um sistema de gestão completo, inclusive com tratamento detalhado de todas as legislações aplicáveis, a ISO 14001 permite para o hotel criar um mecanismo de gerenciamento de resultados mais sólido e eficaz, o que a difere dos outros programas de gestão ambiental, mais simples.

Hotel Tropical das Cataratas – O Primeiro Hotel do Brasil Certificado pela ISO 14001

No ano de 2000, tivemos a oportunidade de assessorar um projeto pioneiro de implementação da ISO 14001 em hotelaria. Nosso modelo de implementação foi baseado em sistemas de gestão ambiental implementados em hotéis da Europa, Estados Unidos e Canadá. No mesmo ano, em fevereiro, tive a oportunidade de visitar alguns destes hotéis e conhecer seus sistemas de trabalho. Um dos maiores desafios para criar nossa sistemática de implementação foi a pouca disponibilidade de materiais sobre o tema 14001 em hotéis. Contatamos várias pessoas, nos vários cantos do mundo. E a resposta foi fantástica. Incrível a boa vontade das pessoas, e a presteza em enviar-me informações sobre seus projetos. As pessoas se comunicavam com nosso escritório através de e-mail ou fax, mas com uma boa vontade extrema, e com muito orgulho falavam dos seus objetivos alcançados. Montamos o programa, e nosso cliente e parceiro foi o ECO Resort Hotel TROPICAL das Cataratas, hotel pertencente à Tropical Hotels Brasil, uma das mais tradicionais redes de hotéis brasileira. Dentre os hotéis da rede, o escolhido não poderia ter sido melhor. Um hotel situado dentro do Parque Nacional das Cataratas, um dos cartões postais mais famosos do Brasil, cercado por 15 km² de flora. O hotel possui 200 apartamentos no estilo colonial clássico e começou a operar em outubro de 1958. Recentemente ganhou uma nova estação de tratamento de esgotos, construída com o objetivo de atender à demanda ocasionada pelas ampliações ocorridas nos últimos anos. O projeto teve a duração de oito meses e incluiu etapas de treinamento e elaboração de rotinas do Sistema de Gestão Ambiental. Com um público de clientes composto basicamente de estrangeiros, e por estar tão próximo das Cataratas, o hotel sempre atraiu as atenções de pessoas e entidades ambientalistas. O gerente geral do hotel, e coordenador do projeto, Bruno Ferraz, conta um pouco sobre esta experiência nova.

Quais as principais vantagens na implementação da ISO 14001 no seu ponto de vista?

Além da valorização da imagem do hotel, tivemos um grande estímulo de nossa equipe de trabalho.

Quais as principais dificuldades?

Muito embora o hotel já tivesse investido nos cuidados com o meio ambiente, o lado financeiro aliado a algumas dificuldades tecnológicas foram os pontos de maior dificuldade.

Qual a importância de monitorarmos os indicadores ambientais?

O monitoramento dos indicadores é fundamental para que possamos medir o sucesso do programa. Além disso, são os indicadores que definem a mensuração das economias geradas.

Mitos e Verdades Sobre a ISO 14001 Aplicada a Hotelaria

No segmento hoteleiro, muitos têm me perguntado sobre a ISO 14001. Geralmente são perguntas que demonstram uma total distorção em relação à realidade. Por este motivo, resolvi inserir esta pequena abordagem sobre algumas destas dúvidas, que muitas vezes, por desconhecimento, acabam sendo transformadas em verdadeiros paradigmas. Vamos a elas.

A ISO 14001 é Burocrática

Mito. O modelo 14001, apesar de definir um sistema de gestão e, é óbvio, ser composto de documentos que definem responsabilidades e rotinas ambientais, não pode ser considerado uma norma burocrática. A ISO 14001 premia muito mais as atividades práticas implementadas do que o volume de documentos estabelecidos. Se compararmos o número de documentos necessários para uma implementação ISO 14001, com sua irmã mais famosa, a série ISO 9000 de gestão da qualidade, iremos perceber que este é muito menor. Muitas vezes as organizações complicam um pouco as coisas e criam um número de documentos desnecessário. São criadas rotinas para tudo, o que faz com que os hotéis, muitas vezes, fiquem desmotivados a implementar qualquer sistema de gestão. Um bom sistema é aquele que une uma quantidade correta e suficiente de documentação, com uma eficaz aplicação prática destas rotinas. Chamo de aplicação eficaz as atividades de envolvimento, treinamento e acompanhamento diário dos colaboradores envolvidos.

A ISO 14001 é para a Indústria e não se Aplica a Hotéis

Mito. O modelo 14001, apesar de ser muito utilizado pela indústria, principalmente aquelas com apelo ambiental mais forte, é plenamente praticável pelo segmento de serviços. Por ser um modelo genérico, ou seja, seu texto não estipular regras específicas para nenhum segmento, ele é amplamente utilizado pelos diversos segmentos para adoção de um modelo de gestão ambiental. Existem hoje hotéis trabalhando com este modelo, especialmente na Ásia, Austrália e Europa.

Para Obter a ISO 14001 É Preciso Atender as Legislações Ambientais

Realidade. Um dos requisitos principais do modelo 14001 é o comprometimento do hotel quanto ao atendimento à legislação ambiental pertinente. Para isto, deve-se fazer um levantamento das legislações aplicáveis, federais, estaduais e locais, que afetem diretamente os aspectos e impactos ambientais gerados pelo hotel. Muitas vezes, faz-se necessário contatar os organismos ambientais pertinentes, para concluir tal levantamento. Uma vez feita esta análise, deve-se realizar uma análise crítica para avaliar quais requisitos legais estão sendo atendidos, e quais necessitam de correção. É comum, nesta segunda hipótese, a realização de acordos com os organismos de controle, de modo a direcionar a natureza das ações de enquadramento na legislação, bem como definir prazos de atendimento. Um outro requisito importante neste mesmo tópico é a criação de um mecanismo para garantir a atualização destes requisitos legais, ao longo do tempo. A INTERNET, além de um grande número de profissionais de direito ambiental, tem sido a melhor saída para atendimento desta atualização.

O Custo de Implementação da ISO 14001 é Muito Alto

Mito. Muitas empresas quando obtêm a certificação ISO 14001 tendem a divulgar os investimentos feitos com o projeto. Muitas vezes estes números assustam os leitores menos avisados, causando a sensação de que esta certificação é para "gente grande". O problema real com estes casos é que eles consideram investimentos feitos em áreas estruturais da empresa, que, se consideradas como custo de implementação, nos conduzirão a números astronômicos. Peguemos, por exemplo, um hotel que deseje obter a certificação 14001, e que chegue à conclusão de que uma Estação de Tratamento de Esgotos (ETE) deve ser projetada e construída (geralmente por ser uma exigência legal). Fica claro que este hotel deverá investir algum recurso para sanar este problema. Entretanto, tirando investimentos pesados em equipamentos de controle ou projetos como o mencionado anteriormente, que são mais raros, geralmente implementar um sistema 14001 não é tão custoso.

É mais Fácil Implementar Gestão Ambiental do que Gestão da Qualidade

Em alguns casos eu diria que é. O conceito de qualidade, que temos abordado bastante neste livro, deve ser cuidadosamente adaptado, e transmitido para cada pessoa dentro do hotel. É um trabalho árduo e que, muitas vezes, perde-se na desmotivação dos funcionários, ou até mesmo em seu não-comprometimento. A Gestão Ambiental, por ser um assunto que trata de recursos naturais, vida, saúde, garantia de um mundo melhor para nossos filhos, é muito mais fácil de ser vendida. As pessoas geralmente recebem bem a idéia de um projeto de gestão ambiental, e sentem-se motivadas a participar, dando idéias, sugestões, ou até mesmo cuidando de parte do projeto. As pessoas sentem uma espécie de orgulho interior em participar do projeto, sendo que muitas delas levam os conceitos do projeto, para seus próprios lares, o que é gratificante. É o pleno sentimento da missão cumprida.

Para Obter a 14001 Sou Obrigado a Contratar uma Empresa Certificadora

Realidade. Porém, caso seu hotel não tenha como meta obter um certificado, ele poderá implementar o sistema, conforme a ISO 14001, e tirar as vantagens desta implementação, sem passar por um processo de auditorias externas. Caso contrário, se você acha que um certificado reconhecido internacionalmente poderá agregar valor ao seu negócio, aí sim, você deverá partir para um organismo de certificação. Os contratos com estas empresas são feitos geralmente por três anos, tempo de validade do certificado emitido, e inclui pré-auditoria, auditoria de certificação e auditorias de manutenção (anuais ou semestrais). Devido a uma grande oferta de empresas deste tipo, os preços de seus serviços têm diminuído nos últimos anos. Recomenda-se uma avaliação cuidadosa no momento da sua contratação.

Um Plano de Redução de Desperdícios É a Mesma Coisa que Gestão Ambiental

Errado. Apesar de muito utilizado, principalmente pela hotelaria, os planos de redução de desperdícios (água, energia, etc.) são geralmente compostos por ações isoladas, não possuindo a abrangência de um programa de Gestão Ambiental. Normalmente estes planos de redução estão focados em ações localizadas e de resultados imediatos. Já o Programa de Gestão Ambiental é composto por ações sistemáticas e que abrangem toda a organização, com um planejamento mais a médio e longo prazos. Na verdade, a redução de desperdícios acaba sendo inserida como uma parte do Programa de Gestão Ambiental, muito mais amplo.

ALGUMAS BOAS PRÁTICAS AMBIENTAIS NA GESTÃO HOTELEIRA

A seguir apresentamos algumas práticas que podem ser aplicadas em um programa de ações ambientais. Repare que são ações que isoladamente, sem um sistema de gestão implementado, podem significar pouco para um hotel.

Com a crise energética que atinge o Brasil e outros países, muitas destas ações passam a ser obrigatórias, independente da adoção ou não de um sistema de gestão ambiental.

Uso de Redutores de Vazão de Água nas Torneiras

Estima-se que 40% do consumo de água em um hotel seja gerado nas unidades habitacionais, portanto, quaisquer ações que visem à minimização do consumo de água serão importantes no contexto geral do hotel. O uso de redutores tem sido uma das ações mais eficazes e mais econômicas a serem implementadas. Muitos fabricantes de louças sanitárias já têm acoplado em seus produtos um sistema de redução de fluxo, o que muitas vezes chega a representar uma economia de mais de 30% na água utilizada pelos hóspedes. As principais vantagens da aplicação desta prática são:

- Redução no consumo de água em UH e áreas sociais.
- Manutenção do conforto do hóspede, já que a maioria dos redutores funciona como um dispersor de fluxo, garantindo assim que o hóspede praticamente não perceba que a vazão de água é menor.
- Fácil instalação.

Para a medição efetiva de resultados, é necessário verificar mensalmente o consumo de água (litros ou m³) por UH ocupada – é aconselhável que a medição das UH seja independente da rede geral.

Uso de Economizadores de Energia nas UH

O consumo de energia desnecessária nas UH pode ser evitado através da instalação de bloqueadores de circuitos elétricos instalados em cada habitação, de modo que quando o hóspede deixa o apartamento o sistema interrompa os circuitos de iluminação, TV, Ar-condicionado, Rádio, entre outros. Deve ser bem avaliado quais circuitos devem ser interrompidos, já que muitas vezes estão envolvidos aspectos de conforto do cliente – ou seja, dependendo da temperatura externa, o cliente poderá querer deixar o ar-condicionado ligado, enquanto ele vai jantar no restaurante. Este fator está intimamente ligado à relação conforto x economia que é fundamental para garantir a qualidade do atendimento.

Como resultados diretos, frutos da implementação destes dispositivos, podemos destacar:

- Redução no consumo de energia do hotel.
- Independe da vontade do hóspede para funcionar (geralmente são acionados obrigatoriamente pela chave do apartamento, ou pela fechadura da porta através de sensores eletrônicos).

Para medir a eficácia do sistema, verifique mensalmente o consumo de energia (kwh) por UH ocupada – é aconselhável que a medição das UH seja independente da rede geral.

Uso de Dispositivos de Presença (Sensores)

Outro forte aliado na batalha da redução do desperdício são os sensores de presença. Estes dispositivos trabalham à base de fotocélulas que acionam os circuitos interligados somente quando existe a presença do hóspede. São comuns em banheiros (para controle de iluminação e de água) e também em áreas sociais. Sua presença em UH ainda é pouco explorada.

As principais vantagens deste sistema são:
- Alto conforto ao hóspede, já que estes sensores evitam o esforço no acionamento dos sistemas.
- Transmitem uma sensação de uso correto da tecnologia.
- Relativamente de baixo investimento.

Uso de Lâmpadas Econômicas

O uso de lâmpadas fluorescentes de baixo consumo em um hotel pode gerar um efeito significativo na economia de energia. Cada vez mais comuns, e com uma tendência de diminuição de preços, a médio prazo, as lâmpadas fluorescentes apresentam uma vida útil e uma capacidade de iluminação muito maior do que as tradicionais lâmpadas incandescentes.

Como principais vantagens, destacamos:
- Redução no consumo de energia.
- Maior durabilidade, garantindo redução de custos, a médio prazo.
- Aumento do conforto ao cliente.

Uso de Torneiras Automáticas

Está é uma prática que pode ser adotada, principalmente em áreas sociais e de funcionários. Além de reduzir o consumo de água, garante também que nenhuma torneira poderá ser esquecida aberta, consumindo milhares de litros de água. Consiste de um sistema, geralmente mecânico, que controla um determinado fluxo de água, quando acionado pelo usuário.

Como principais vantagens, destacamos:
- Redução no consumo de água.
- Facilidade de instalação e operação.

Reaproveitamento de *Amenities*

Você pode imaginar a quantidade de *amenities* (xampus, sabonetes, condicionadores de cabelo, toucas, etc.) que um hotel joga no lixo diariamente? Se pegarmos como exemplo um hotel que possua 100 UH e que tenha uma ocupação média de 50%, com um número médio de 80 hóspedes dia, e considerando também que 50% destes deixem um frasco de xampu pela metade (para ser eliminado pela camareira após o *check-out*), chegaríamos a um número de 40 frascos com metade de seu conteúdo, o que equivaleria a termos 20 frascos novos, completos diariamente. Pode não parecer significativo, porém se ampliarmos este universo para um ano de ocupação, seriam 7.300 frascos/ano. Não convencido ainda? Lembre-se então dos outros *amenities* desperdiçados. O reaproveitamento destes *amenities*, ou o uso de dispositivos alternativos, tais como dosadores, depende fundamentalmente do tipo de hotel que estamos analisando, e do seu padrão de atendimento (em muitos hotéis de luxo o conjunto de *amenities* é uma peça ornamental). Uma boa alternativa para as sobras é o destino final para entidades de caridade, que poderão fazer outro uso do material.

Esta prática nos levará aos seguintes resultados imediatos:

- Redução do Consumo de *Amenities*, conseqüente redução de custos.
- Reaproveitamento do material desperdiçado para entidades de caridade.
- Relativamente fácil de implementar.

Sugerimos que seja feito um levantamento dos consumos atuais e das sobras, atualmente desperdiçadas.

Sistema de Compostagem de Resíduos

Esta é uma forma econômica de diminuir a geração de resíduos a serem enviados para os aterros sanitários, em forma de lixo. Dependendo das dimensões de área verde do hotel, um tratamento por compostagem pode ser um destino inteligente para a enorme quantidade de material coletado pela jardinagem (tais como: folhas, arbustos, frutos, flores, etc.) ou até mesmo de outras áreas (tais como: cascas de frutas e restos de papel). O processo consiste na colocação de todo este material orgânico em uma área específica e de preferência reservada, de modo a não ocorrerem problemas com odores indesejáveis. O processo de decomposição se inicia com o auxílio de um pouco de água. Com o passar dos dias este material criará fungos e bactérias que começarão o processo de decomposição de todo o material orgânico ali depositado. A velocidade deste processo dependerá do clima local (no verão, em poucas semanas o processo pode ser atingido) e dos materiais depositados para a decomposição. Como resultado deste processo será obtido um material (húmus) que poderá ser utilizado como adubo natural no próprio hotel, ou até doado para a comunidade vizinha.

Como vantagens desta prática, destacamos:
- Redução no lixo enviado para a coleta local.
- Aproveitamento do material decomposto como adubo natural.
- Facilidade de implementação.

É aconselhável verificar, através de uma simples pesagem, as quantidades de lixo orgânico para compostagem, tratados mensalmente pelo hotel. Este volume pode ser significantemente aumentado se um programa de conscientização de funcionários for aplicado.

Coleta Seletiva do Lixo Gerado nas UH

Durante a estada de um hóspede em um hotel gera-se uma quantidade enorme de lixo. Jornais, revistas, garrafas plásticas e de vidro, latas de alumínio, papel em geral. A coleta seletiva por parte das camareiras é um ponto importante para que todo este lixo gerado possa ser reciclado. Uma separação inicial, já no momento da arrumação da UH, torna o processo final de separação do lixo mais eficaz. Neste momento, o pessoal de arrumação poderá separar, por exemplo, vidro, latas e papéis em sacos separados. Quanto lixo um hóspede gera por dia? Esta resposta pode variar dependendo do tipo de hóspede que ocupa a UH, muitas vezes hóspedes em lazer por, teoricamente, ocuparem mais vezes ao dia a UH tendem a gerar mais lixo do que hóspedes em negócios. Entretanto certos hotéis de negócios distribuem jornais como cortesia aos seus hóspedes, o que por certo gera um volume significante de lixo ao final de cada dia. Estima-se que este valor varie de 0,5 a 1,0 kg de lixo por dia para cada hóspede nos hotéis. Considerando que, somente no Brasil, temos aproximadamente 230.000 UH instaladas, com uma ocupação média de 60% e uma média de 1,5 hóspede por UH, isto poderá significar mais de 200 toneladas de lixo gerado todos os dias em nossos hotéis.

Como principais vantagens da aplicação desta prática, temos:

- Facilidade de separar o lixo reciclável no final do processo.
- Diminuição do envio de lixo para aterros sanitários.
- Dependendo do volume, e da qualidade do reciclável (latas de alumínio são preciosidades hoje em dia), o hotel poderá gerar uma receita extra com a reciclagem.

Para medir a eficácia inicial dos sistemas de coleta, verifique o volume de lixo reciclável gerado, e compare com o total gerado por UH ocupada. Para facilitar a medição, sugerimos que sejam feitas as verificações por amostragem, ou seja, podemos verificar os volumes de lixo gerados em épocas de alta e baixa ocupação, utilizando assim dados estimados.

Avaliação do Uso e Cuidados Especiais com PCB

Os PCB – Bifenilas Policloradas – são componentes químicos utilizados como isolantes em capacitores e transformadores de energia, altamente estáveis e considerados cancerígenos, podendo causar uma série de problemas de saúde. O uso de PCB foi proibido na década de 70 nos países industrializados, porém ainda hoje são encontrados e armazenados em diversos países, inclusive no Brasil. Os PCB são conhecidos comercialmente como Askarel, Aroclor, Clophen, Phenoclor, Kanneclor, Piranol entre outros. É importante que seja verificada a existência de PCB em equipamentos tais como geradores de energia, bancos de capacitores e transformadores. Normalmente os PCB estão hermeticamente fechados, porém em casos de manutenção destes equipamentos, deve-se evitar totalmente o contato com o mesmo e a inalação de seus resíduos. Recomenda-se que uma empresa autorizada faça este tipo de manutenção. Os resíduos de PCB devem ter como destino final uma incineração adequada, a uma temperatura superior a 1.200 graus Celsius, e realizada hoje por poucas empresas especializadas. Todos que manuseiam com PCB devem usar Equipamentos de Proteção Individual (EPI) adequados. Durante as manutenções de equipamentos que contenham PCB é recomendável que drenos e esgotos sejam vedados a fim de evitar quaisquer vazamentos. Para maiores informações sobre a regulamentação do uso e manuseio de PCB, recomenda-se consultar a Instrução Normativa SEMA/001 de 10.06.83 da Secretaria Especial do Meio Ambiente.

Tratamento Adequado de Efluentes Gerados

Os efluentes gerados por um hotel são emitidos, principalmente, pelas UH, através dos esgotos e redes de água, e pelas áreas de lavanderia e cozinha. Quando estes efluentes gerados não atingem a qualidade da água esperada, torna-se necessário a instalação de algum tipo de tratamento, que garanta a recuperação da qualidade dos efluentes, antes que eles sejam despejados na fonte receptora (rede pública, lagos, rios ou mares). As ETE – Estações de Tratamento de Efluentes – têm como meta garantir o tratamento adequado para os agentes químicos e biológicos contidos no efluente gerado. Geralmente este tratamento é realizado em três fases, classificadas como: primárias, secundárias e terciárias. Na fase primária, os materiais sólidos em suspensão serão retidos e substâncias graxas serão retiradas da superfície do efluente sendo depositadas em um tanque de lodo. A fase secundária consiste em enviar o efluente remanescente para outros tanques de filtragem (à base de pedras) e de tratamento (à base de cloro). Após esta fase, geralmente, o efluente retornará a 85% da qualidade originalmente gerada. Partículas químicas e/ou sólidas que ainda permaneçam em suspensão poderão ser eliminadas na fase terciária, que consiste no uso de filtros à base de carvão ativado, osmose e/ou coagulação. A água gerada após esta fase pode ser considerada até 99% pura.

Como principais vantagens na instalação de uma ETE em um estabelecimento hoteleiro, destacamos:
- Garantia de que os efluentes gerados estão sendo adequadamente tratados.
- Fortalecimento da imagem do hotel perante a comunidade local.
- Reaproveitamento, muitas vezes, da água residual do próprio tratamento.
- Atendimento a legislações aplicáveis, evitando multas e processos junto aos órgãos ambientais responsáveis.

Para verificarmos a qualidade e a eficácia de uma ETE será necessário que, periodicamente, ocorra uma análise da qualidade do efluente emitido após tratamento. A qualidade da água poderá então ser avaliada segundo padrões estabelecidos por normas aplicáveis. Para melhor entendimento destes padrões aplicados no Brasil, sugerimos a consulta à Regulamentação federal CONAMA 20.

Indicadores de Gestão Ambiental – Como Medir a Eficácia do Sistema

Existem diversos indicadores que podem ser instalados de modo a medir o desempenho e a eficácia das ações ambientais propriamente implementadas. A quantidade e a complexidade dos indicadores deve obedecer a uma regra simples, que é a do custo-benefício. Muitas vezes podemos optar pela escolha de algum indicador que possua uma série de dificuldades para ser medido, ou que o custo do levantamento de dados seja muito alto. Portanto, é necessário que haja uma análise mais profunda sobre o que efetivamente deve ser medido, e que tipo de ação será tomada com base nos dados levantados, isto poupará tempo e recursos do hotel.

A seguir apresento algumas sugestões de indicadores que podem ser utilizados durante um Programa de Gestão Ambiental em um hotel. É óbvio que a aplicação e a escolha de quais indicadores serão mais apropriados à gestão devem ser feitas analisando-se os aspectos e impactos efetivamente ligados às atividades do hotel.

Indicador	Unidade de medida	Referente ao Recurso Natural	Freqüência Sugerida de Monitoramento
Consumo Total de Água por Hóspede	(m³/pax)	Água	Mensal
Consumo Total de água na Lavanderia por material processado	(m³/kg)	Água	Mensal
Consumo Total de Energia por UH ocupada no período	Kwh/UH	Energia	Mensal
Consumo Total de Energia por área construída	Kwh/m²	Energia	Mensal
Consumo de Energia na Lavanderia por material processado	Kwh/kg	Energia	Mensal
Consumo de Gás (GLP) utilizado na área de A&B por hóspede no período.	(m³/pax)	Energia	Mensal
Qualidade de Efluentes Gerados (água e esgoto)	Vários Conforme Legislação Aplicável	Água Solo	Conforme Legislação Aplicável
Total de Lixo gerado por Hóspede no período	(kg/pax)	Solo	Mensal
Percentual de lixo destinado à reciclagem ou reutilização, referente ao total gerado no período	% (kg a reciclar/Kg total)	Solo	Mensal
Consumo Total de Produtos Químicos na Limpeza	(litros ou kg)	Água Solo	Mensal
Consumo Total de Produtos Químicos na Dedetização	(litros ou kg)	Água Solo	Mensal

Estes indicadores podem dar uma boa visão de como se encontra o estabelecimento em relação aos aspectos ambientais. Os resultados mensurados deverão variar de acordo com o tipo de hotel, sua localização, suas instalações, etc. O ideal seria pesquisar um *benchmark* com hotéis do mesmo porte e com características semelhantes de serviços.

Sugerimos, para auxilio nesta área, a consulta ao **IHEI – *International Hotels Environment Initiative***, entidade européia que se dedica aos estudos ambientais na área de hotelaria.

O MODELO RITZ CARLTON DE SUCESSO NO ATENDIMENTO AO CLIENTE

Visitei a sede da Ritz Carlton Hotel Company, em Atlanta, na Geórgia, em fevereiro de 2000. Já conhecia um pouco do famoso trabalho da Ritz Carlton por leitura e por ter visitado alguns de seus hotéis anos atrás. Desta vez resolvi entender melhor o que faz esta cadeia, com estilo europeu de serviços e atendimento diferenciado, ser tão reconhecida pelos americanos como uma das melhores. Consegui agendar uma entrevista com o responsável pelos programas da qualidade, Sr. Patrick Maene, um dos Vice-Presidentes coorporativos do grupo. Não sei se por coincidência, ou por muita sorte, nem começáramos nosso papo, e a conversa fora interrompida por um chamado urgente do Presidente da rede. Patrick esboçou um leve sorriso, pediu desculpas e disse que tinha sido chamado à sala de seu chefe. Deixou-me lendo alguns documentos do hotel, enquanto se dirigia à sala da presidência. Dez minutos depois, sua secretária me chamou e pediu para acompanhá-la. A cena que vi não poderia ter sido mais gratificante. Ali, na sala, Patrick e o Presidente, Horst Schulze, estavam debruçados sobre um enorme pacote, como crianças que disputam a abertura de um presente de natal. Dentro do pacote estava o maior presente que um hotel americano poderia almejar: a estatueta comemorativa pelo prêmio Malcolm Baldrige, ganha pela Ritz Carlton como melhor empresa prestadora de serviços durante o ano de 1999. Fiquei um pouco sem jeito, já que naquele momento as atenções eram todas para aquela estatueta, autografada pelo Presidente dos Estados Unidos, Bill Clinton. Percebia-se, no ar de satisfação dos meus anfitriões, o quanto a alta direção da empresa deveria ter batalhado para consegui-lo. Tive a oportunidade de ser o primeiro cliente da Ritz Carlton a ver o prêmio. "Não toquem nele", pedia o Presidente, enquanto aguardava os fotógrafos para os primeiros registros do acontecido. Após ser apresentado ao Sr. Schulze, Patrick e eu retornamos para sua sala com o objetivo de continuarmos nosso papo. O Prêmio Malcolm Baldrige é conhecido como o prêmio nacional da qualidade dos Estados Unidos, coordenado pelo departamento de comércio americano. A Ritz Carlton, uma veterana na participação de tal premiação, foi a única empresa no setor de serviços a ganhar o prêmio duas vezes (a primeira foi em 1992) e o único hotel vencedor até então. Com cerca de 17.000 colaboradores espalhados pelos 36 hotéis da rede, a Ritz Carlton criou um modelo de gestão que valoriza seus empregados, e tem preocupação constante quanto ao monitoramento da qualidade de seus serviços e expectativas de seus clientes. Cada empregado, em média, recebe 100 horas anuais de treinamento e reciclagem em atendimento ao cliente. O trabalho realizado pela Ritz Carlton, e que conduziu à sua premiação, seguiu os critérios do prêmio e foi dividido em sete categorias:

- Liderança.
- Planejamento Estratégico.
- Foco no Cliente e no Mercado.
- Análise e Informação.
- Foco em Recursos Humanos.
- Gestão de Processos.
- Resultados dos Negócios.

Alguns destes tópicos podem ser evidenciados no dia-a-dia do hotel: monitores colocados em pontos estratégicos dos hotéis e da administração central mostram on line o status atual de cada um dos 36 hotéis da rede. Ali cada gerente tem o dever de monitorar o que eles chamam de SQI, ou Service Quality Indicator. Através deste indicador, os setores ficam sabendo como anda o desempenho operacional do hotel, e quais áreas necessitam ser trabalhadas imediatamente. Uma série de indicadores da qualidade foram instalados, e são monitorados *on line* pelo sistema. Entre eles, por exemplo, existem indicadores para medição do tempo de *check-in*, número de trocas de apartamento (considera-se que um cliente que peça para ter seu apartamento substituído esteja insatisfeito), satisfação dos hóspedes, entre outros. Os clientes que se hospedam em um Ritz Carlton poderão notar alguns detalhes do programa. Um sistema, conhecido na rede como CLASS (Customer Loyalty Anticipation Satisfaction System), baseia-se em um tremendo banco de dados, onde cada preferência dos hóspedes é lançada em um sistema de informática, que disponibiliza esta informação para todos os 36 hotéis da rede. Quando o cliente se hospeda uma segunda vez, em outro Ritz Carlton, suas preferências estarão registradas, e poderão ser atendidas, antes mesmo que seja requisitado. E pode ter certeza que funciona. Hospedei-me, pela segunda vez, no Ritz Carlton de Naples, Flórida, o melhor hotel dos Estados Unidos e Canadá segundo a respeitada *Travel&Leisure Magazine*. Logo no *check-in* você pode perceber isto. Na minha primeira estada, fiquei hospedado no que eles chamam de The Club, são geralmente os andares mais altos, que possuem um serviço diferenciado. Na segunda vez, lá estava a simpática recepcionista me perguntando se eu gostaria de ficar no The Club novamente. Isto pode ser estendido a outros itens como jornal, marca de whisky ou itens do café da manhã preferidos. Durante minha visita a Atlanta, pude acompanhar ainda uma atividade costumeira para os Gerentes de Qualidade dos hotéis Ritz Carlton, a integração de novos funcionários. Durante um dia inteiro, que começa com um café da manhã, com direito a talheres de prata e tudo mais, o grupo de novatos é apresentado aos conceitos de trabalho da rede. Os novos funcionários pertencentes ao time não demoram a perceber as diferenças que os aguardam. Outro ponto interessante é o processo seletivo aplicado pela cadeia. Usando uma metodologia desenvolvida para atender as necessidades da hotelaria, cada funcionário contratado passa obrigatoriamente por uma longa entrevista, que busca identificar o perfil comportamental de cada candidato. Durante uma destas entrevistas, realizada por telefone (algo comum nos Estados Unidos), o Gerente pergunta ao candidato – "Em uma escala de 1 a 10, avalie seu comportamento quanto a seu grau de responsabilidade no trabalho." O candidato, após pensar um pouco, responde 9, e logo parte para alguns argumentos que explicam sua nota, até que alguns bem razoáveis. Mais uma ou duas perguntas e a entrevista estava encerrada, faltando ainda duas etapas do questionário. Perguntado sobre qual o motivo pelo qual a entrevista fora encerrada, o gerente respondeu.

– Assim como outros pontos da avaliação, o requisito Responsabilidade é considerado como fundamental. Precisamos em nosso time de, principalmente, pessoas que acreditem em seu potencial, e que não tenham nenhuma dúvida que devam ser 100% responsáveis em suas atitudes. Só assim podemos manter nosso alto padrão de atendimento.

Outro hotel que se destaca no grupo é o Ritz Carlton Arts Barcelona, um hotel moderno com vista privilegiada da marina, em um dos pontos mais agradáveis de Barcelona, Espanha. Os apartamentos são muito confortáveis e muito bem equipados, dando-se ao luxo de possuírem até um aparelho para tocar CD. Isto poderia até passar despercebido, se o aparelho não fosse da marca **Bang & Olufsen**, uma das mais conceituadas do mundo, sonho de qualquer expert em música. Todo este trabalho e o sucesso financeiro da rede fizeram com que recentemente fosse lançado o The Ritz Carlton Learning Institute, uma divisão educacional do grupo, voltada a divulgar as práticas bem-sucedidas da rede, para qualquer interessado.

CLASSIFICANDO E AUTO-AVALIANDO O SEU HOTEL

Existe uma discussão muito forte quanto aos sistemas de classificação dos meios de hospedagem no Brasil. A EMBRATUR e a ABIH (Associação Brasileira da Indústria Hoteleira) possuíram, no passado, mecanismos diferenciados para avaliar e classificar estes estabelecimentos. Muitos hotéis resolveram não adotar nenhum destes sistemas, o que ocasionou um grande dilema para os clientes. Não ficava claro para os usuários quais eram os critérios de classificação destes hotéis, e até a forma de identificação desta classificação é muito similar (a EMBRATUR utilizando estrelas e a ABIH utilizando asteriscos). No fim das contas, os hóspedes acabavam tendo que se valer dos guias independentes, como exemplo o Guia 4 Rodas. Aliás, isto segue uma tendência mundial, onde a confiabilidade e a clareza dos guias independentes fizeram com que um sistema de classificação oficial fosse praticamente desnecessário. Podemos citar dentre estes guias os famosos AAA – American Automotive Association (EUA) e Michelin (Europa). Dispostos a mudar esta dura realidade, ABIH e EMBRATUR uniram-se para criar um outro modelo de avaliação e classificação. Ainda em fase de discussões e aprovações, este modelo pretende corrigir distorções do passado. A nova proposta de classificação sugerida está baseada em um sistema de avaliação que deve ser executado por organismos independentes (os mesmos que auditam o sistema ISO), e terá a coordenação geral da própria ABIH. Como até o fechamento da edição deste trabalho ainda não haviam sido definidos, formalmente, todos os critérios, preferimos aguardar a publicação oficial da ABIH e EMBRATUR para opinarmos. Sabe-se que o sistema deverá ser voluntário.

A seguir, apresentamos a matriz de classificação com os requisitos a serem seguidos, que fez parte dos debates e discussões entre técnicos das duas entidades. Serve como um bom referencial para o assunto auto-avaliação, que será abordado a seguir.

MATRIZ DE CLASSIFICAÇÃO – ABIH/EMBRATUR – 2001
(Fonte: www.hotelnews.com.br)

1	ITENS GERAIS	1★	2★	3★	4★	5★	5★(+)
1.1	POSTURAS LEGAIS						
1.1.1	Posturas municipais, estaduais e federais aplicáveis, comprovadas pelos registros, inscrições e documentações exigidos, especialmente com referência a "Habite-se", "Alvará de Localização e Funcionamento", registro como empresa hoteleira e prova de regularidade perante as autoridades ambientais, sanitárias e concessionárias de serviços públicos.	✓	✓	✓	✓	✓	✓
1.1.2	Legislação quanto à proteção contra incêndio, dispondo de equipamentos e instalações exigidos pelas autoridades competentes e prevendo rotas de fuga, iluminação de emergência e providências em situações de pânico.	✓	✓	✓	✓	✓	✓
1.1.3	Elevadores para passageiros e para carga/serviço em prédio de quatro ou mais pavimentos, inclusive o térreo, ou conforme as posturas municipais.	✓	✓	✓	✓	✓	✓
1.1.4	Exigências da legislação trabalhista, especialmente no que se refere a vestiários, sanitários e local de refeições de funcionários e Comissões de Prevenção de Acidentes – CIPA.	✓	✓	✓	✓	✓	✓
1.1.5	Exigências da EMBRATUR, constantes da legislação de turismo referentes a:						
	a) registro do hóspede, por intermédio de Ficha Nacional de Registro de Hóspedes – FNRH;	✓	✓	✓	✓	✓	✓
	b) fornecimento mensal do Boletim de Ocupação Hoteleira – BOH, preenchido;	✓	✓	✓	✓	✓	✓

1	ITENS GERAIS	1 ★	2 ★	3 ★	4 ★	5 ★	5 ★(+)
1.1	POSTURAS LEGAIS						
	c) fornecimento de Cartão do Estabelecimento com o nome do hóspede e período de hospedagem;				✓	✓	✓
	d) placa de classificação fixada no local determinado pela ABIH/EMBRATUR;	✓	✓	✓	✓	✓	✓
	e) divulgação e explicitação dos compromissos recíprocos para com o hóspede através de: e.1) regulamento interno, com direitos e deveres do hóspede; e.2) serviços e preços oferecidos, incluídos, ou não, na diária, divulgados na forma da legislação;	✓	✓	✓	✓	✓	✓
	f) meios para pesquisar opiniões e reclamações dos hóspedes e solucioná-las.	✓	✓	✓	✓	✓	✓
1.1.6	Facilidades construtivas, de instalações e de uso, para pessoas com necessidades especiais, de acordo com a NBR 9050 – 1994, em prédio com projeto de arquitetura aprovado pela Prefeitura Municipal, como meio de hospedagem, após 12 de agosto de 1987. NOTA: No caso de projetos anteriores, o meio de hospedagem deverá dispor de sistema especial de atendimento.	✓	✓	✓	✓	✓	✓

1.2	SEGURANÇA	1 ★	2 ★	3 ★	4 ★	5 ★	5 ★(+)
1.2.1	Meios para controle do uso dos cofres.				✓	✓	✓
1.2.2	Circuito interno de TV ou equipamento de segurança.				✓	✓	✓
1.2.3	Gerador de emergência com partida automática.					✓	✓
1.2.4	Rotas de fuga sinalizadas nas áreas sociais e restaurantes.			✓	✓	✓	✓
1.2.5	Serviço de segurança no estabelecimento, por intermédio de:						

1.2	**SEGURANÇA** (Cont.)	1 ★	2 ★	3 ★	4 ★	5 ★	5 ★(+)
	a) pessoal com formação adequada, próprio ou contratado, e com dedicação exclusiva;					✓	✓
	b) porteiro (admite-se acúmulo de funções).	✓	✓	✓	✓		
1.2.6	Preparo para lidar com situações de incêndio e pânico (assalto, explosão, inundação e outros):						
	a) com equipes predeterminadas, com treinamento específico (Brigadas);				✓	✓	✓
	b) com treinamento geral do pessoal.	✓	✓	✓			
1.2.7	Cobertura contra roubos, furtos e responsabilidade civil.			✓	✓	✓	✓

1.3	**SAÚDE/HIGIENE**	1 ★	2 ★	3 ★	4 ★	5 ★	5 ★(+)
1.3.1	Serviço de atendimento médico de urgência.				✓	✓	✓
1.3.2	Tratamento de resíduos.	✓	✓	✓	✓	✓	✓
1.3.3	Imunização permanente contra insetos e roedores.	✓	✓	✓	✓	✓	✓
1.3.4	Higiene do ambiente, das pessoas e dos serviços.	✓	✓	✓	✓	✓	✓
1.3.5	Higienização do alimento *in natura* antes do armazenamento.				✓	✓	✓
1.3.6	Higienização adequada de equipamentos (roupas de cama/mesa/ banho; louças e talheres; sanitários).	✓	✓	✓	✓	✓	✓
1.3.7	Tratamento de água.	✓	✓	✓	✓	✓	✓

1.4	**CONSERVAÇÃO/MANUTENÇÃO**	1 ★	2 ★	3 ★	4 ★	5 ★	5 ★(+)
1.4.1	Todas as áreas, equipamentos e instalações em condições adequadas de conservação/manutenção.	✓	✓	✓	✓	✓	✓

Classificando e Auto-avaliando o Seu Hotel **111**

1.5	ATENDIMENTO AO HÓSPEDE	1 ★	2 ★	3 ★	4 ★	5 ★	5 ★(+)
1.5.1	Instalações e equipamentos com nível de sistemas capazes de assegurar maior comodidade aos hóspedes.					✓	✓
1.5.2	Abertura de cama.					✓	✓
1.5.3	Disponibilização gratuita em 100% das unidades de cesta de frutas e/ou outras cortesias especiais.					✓	✓
1.5.4	Roupa lavada e passada no mesmo dia.					✓	✓
1.5.5	Procedimento para atendimento especial para autoridades e personalidades.				✓	✓	✓
1.5.6	Facilidades de atendimento para minorias especiais (fumantes, idosos, pessoas com necessidades especiais, alimentação especial etc.).				✓	✓	✓
1.5.7	Detalhes especiais de cordialidade no atendimento.				✓	✓	✓
1.5.8	Estabelecimento de critérios para qualificação dos funcionários bi e trilíngües.				✓	✓	✓
1.5.9	Estabelecimento de critérios para qualificação dos funcionários que interagem com o público.			✓	✓	✓	✓
1.5.10	Treinamento e orientação do pessoal.	✓	✓	✓	✓	✓	✓
1.5.11	Presteza e cortesia.	✓	✓	✓	✓	✓	✓
1.5.12	Serviço de despertador:						
	a) programável pelo próprio hóspede;					✓	✓
	b) executado pelo meio de hospedagem.	✓	✓	✓	✓	✓	✓
1.5.13	Monitoramento das expectativas e impressões do hóspede, incluindo meios para pesquisar opiniões, reclamações e solucioná-las.	✓	✓	✓	✓	✓	✓
1.5.14	Identificação adequada para os fornecedores de serviços.		✓	✓	✓	✓	✓

1.5	ATENDIMENTO AO HÓSPEDE (Cont.)	1 ★	2 ★	3 ★	4 ★	5 ★	5 ★(+)
1.5.15	Apresentação, vestimenta e identificação adequadas para os empregados.			✓	✓	✓	✓
1.5.16	Serviços de reserva:						
	a) no período de 24 horas com atendimento trilíngüe;						✓
	b) no período de 24 horas com atendimento bilíngüe;					✓	
	c) no período de 12 horas;				✓		
	d) no período de 8 horas.	✓	✓	✓			
1.5.17	Serviços de recepção:						
	a) no período de 24 horas;				✓	✓	✓
	b) no período de 16 horas;			✓			
	c) no período de 12 horas.	✓	✓				
1.5.18	Serviços de mensageiro no período de 24 horas.				✓	✓	✓
1.5.19	Disponibilização de serviços de limpeza.	✓	✓	✓	✓	✓	✓
1.5.20	Serviços de arrumação diário.	✓	✓	✓	✓	✓	✓
1.5.21	Serviços de manutenção.	✓	✓	✓	✓	✓	✓
1.5.22	Serviços de telefonia:						
	a) no período de 24 horas com atendimento trilíngüe por turno;						✓
	b) com uma telefonista bilíngüe por turno.					✓	
1.5.23	Serviço de refeições leves e bebidas nas Unidades Habitacionais *(room service)* no período de 24 horas.				✓	✓	✓
1.5.24	Serviço de manobra e estacionamento de veículos por funcionário habilitado no período de 24 horas.					✓	✓
2	ITENS ESPECÍFICOS	1 ★	2 ★	3 ★	4 ★	5 ★	5 ★(+)
2.1	PORTARIA/RECEPÇÃO						
2.1.1	Área ou local específico para o serviço de portaria/recepção/*lobby*.	✓	✓	✓	✓	✓	✓

2.1	**PORTARIA/RECEPÇÃO** (Cont.)	1 ★	2 ★	3 ★	4 ★	5 ★	5 ★(+)
2.1.2	Local ou espaço para guarda de bagagem:						
	a) fechado;				✓	✓	✓
	b) não necessariamente fechado.	✓	✓	✓			
2.1.3	Local adequado para guarda de correspondência e mensagens.			✓	✓	✓	✓
2.1.4	Sistema adequado de envio/recebimento de mensagens.	✓	✓	✓	✓	✓	✓
2.1.5	Serviço de guarda de bagagem.		✓	✓	✓	✓	✓
2.1.6	Política própria, definida para *check-in/check-out*, que estabeleça orientação específica para impedir:						
	a) qualquer forma de discriminação (racial, religiosa e outras);	✓	✓	✓	✓	✓	✓
	b) uso do estabelecimento para exploração sexual, de menores e outras atividades ilegais.	✓	✓	✓	✓	✓	✓
2.1.7	Sistemas integrados de controle, permitindo eficácia no *check-in/check-out*.				✓	✓	✓
2.1.8	Pessoal apto a prestar informações e serviços de interesse do hóspede, com presteza, eficiência e cordialidade:	✓	✓	✓	✓	✓	✓
	a) sob supervisão permanente de gerente ou supervisor capacitado;					✓	✓
	b) falando fluentemente (mínimo de uma pessoa em cada turno) na portaria e na recepção, pelo menos:						
	b1) Português e mais três línguas estrangeiras;						✓
	b2) Português e mais duas línguas estrangeiras;					✓	
	b3) Português e mais uma língua estrangeira.				✓		
2.1.9	Informações e folhetos turísticos.			✓	✓	✓	✓
2.1.10	Ambientação/conforto/decoração compatíveis com a categoria.	✓	✓	✓	✓	✓	✓

2.2	**ACESSOS E CIRCULAÇÕES**	1 ★	2 ★	3 ★	4 ★	5 ★	5 ★(+)
2.2.1	Áreas adequadas e específicas para acesso e circulação fáceis e desimpedidos nas dependências do estabe-						

2.2	ACESSOS E CIRCULAÇÕES (Cont.)	1 ★	2 ★	3 ★	4 ★	5 ★	5 ★(+)
	lecimento, inclusive para pessoas com necessidades especiais.	✓	✓	✓	✓	✓	✓
2.2.2	Entrada de serviço independente.			✓	✓	✓	✓
2.2.3	Identificação do acesso/circulação para orientação dos banhistas.					✓	✓
2.2.4	Sistema de sinalização interno que permita fácil acesso e circulação por todo o estabelecimento.			✓	✓	✓	✓
2.2.5	Ambientação/conforto/decoração compatíveis com a categoria.	✓	✓	✓	✓	✓	✓

2.3	SETOR HABITACIONAL	1 ★	2 ★	3 ★	4 ★	5 ★	5 ★(+)
2.3.1	Todas as salas e quartos das UH com iluminação e ventilação de acordo com as normas vigentes para edificações.	✓	✓	✓	✓	✓	✓
2.3.2	Todas as UH deverão ter banheiros privativos com ventilação direta para o exterior ou através de duto.		✓	✓	✓	✓	✓
2.3.3	Facilidades de informatização/mecanização, nas UH.					✓	✓
2.3.4	Quarto de dormir com menor dimensão igual ou superior a 2,50m e área igual ou superior a:						
	a) 16,00m² (100% das UH);						✓
	b) 16,00m² (em no mínimo 90% das UH);					✓	
	c) 14,00m² (em no mínimo 80% das UH);				✓		
	d) 12,00m² (em no mínimo 70% das UH);			✓			
	e) 10,00m² (em no mínimo 65% das UH);		✓				
	f) 9,00m² (em no mínimo 65% das UH).	✓					
2.3.5	Banheiro com área igual ou superior a (em no mínimo 90% das UH):						
	a) 4,00m² (100% das UH);						✓
	b) 4,00m² (em no mínimo 90% das UH);					✓	

2.3	**SETOR HABITACIONAL** (Cont.)	1 ★	2 ★	3 ★	4 ★	5 ★	5 ★(+)
	c) 3,30m² (em no mínimo 80% das UH);				✓		
	d) 3,00m² (em no mínimo 70% das UH);			✓			
	e) 2,30m² (em no mínimo 65% das UH);		✓				
	f) 1,80m² (em no mínimo 65% das UH).	✓					
2.3.6	UH do tipo suíte com sala de estar de área igual ou superior a:						
	a) 11,00m²;					✓	✓
	b) 10,00m²;				✓		
	c) 9,00m²;			✓			
	d) 8,00m².		✓				
2.3.7	UH do tipo suíte e/ou unidades conversíveis em suítes.				✓	✓	✓
2.3.8	Portas duplas de comunicação entre UH conjugáveis.				✓	✓	✓
2.3.9	Tranca interna nas UH.	✓	✓	✓	✓	✓	✓
2.3.10	Rouparias auxiliares no setor habitacional.					✓	✓
2.3.11	Local específico para material de limpeza.				✓	✓	✓
2.3.12	Climatização adequada em 100% das UH.			✓	✓	✓	✓
2.3.13	TV em cores em 100% das UH, com TV por assinatura a cabo ou por antena parabólica.				✓	✓	✓
2.3.14	TV em 100% das UH.		✓	✓			
2.3.15	Minirrefrigerador em 100% das UH.			✓	✓	✓	✓
2.3.16	Água potável disponível na UH.		✓	✓	✓	✓	✓
2.3.17	Café da manhã no quarto.				✓	✓	✓
2.3.18	Armário, *closet* ou local específico para a guarda de roupas em 100% das UH.	✓	✓	✓	✓	✓	✓
2.3.19	Mesa de cabeceira simples para cada leito ou dupla entre dois leitos, ou equipamento similar, em 100% das UH.		✓	✓	✓	✓	✓
2.3.20	Lâmpada de leitura junto às cabeceiras em 100% das UH.			✓	✓	✓	✓

2.3	**SETOR HABITACIONAL** (Cont.)	1 ★	2 ★	3 ★	4 ★	5 ★	5 ★(+)
2.3.21	Sonorização ou rádio controlado pelo hóspede:						
	a) em 100% das UH;					✓	✓
	b) em 80% das UH.				✓		
2.3.22	Comando de aparelhos de som, ar-condicionado, luz e TV em 100% das UH.				✓	✓	✓
2.3.23	Ramais telefônicos em 100% das UH.			✓	✓	✓	✓
2.3.24	Porta-malas em:						
	a) 100% das UH;			✓	✓	✓	✓
	b) 50% das UH.		✓				
2.3.25	Cortina ou similar em 100% das UH.			✓	✓	✓	✓
2.3.26	Vedação opaca nas janelas em 100% das UH.				✓	✓	✓
2.3.27	Mesa de refeições com um assento por leito em 100% das UH.				✓	✓	✓
2.3.28	Mesa de trabalho com iluminação própria e ponto de energia e telefone, possibilitando o uso de aparelhos eletrônicos pessoais.					✓	✓
2.3.29	Espelho de corpo inteiro em 100% das UH.				✓	✓	✓
2.3.30	Cofres para guarda de valores para:						
	a) 100% das UH.					✓	✓
	b) 60% das UH.				✓		
2.3.31	Camas com dimensões superiores às normais e travesseiros antialérgicos.					✓	✓
2.3.32	Acessórios básicos em 100% das UH (sabonete, dois copos, cesta de papéis do banheiro).	✓	✓	✓	✓	✓	✓
2.3.33	Água quente em 100% das UH:						
	a) em todas as instalações;					✓	✓
	b) no chuveiro e lavatório;				✓		
	c) no chuveiro.	✓	✓	✓			
2.3.34	Lavatório com bancada e espelho, em 100% das UH.				✓	✓	✓
2.3.35	Bidê ou ducha manual em 100% das UH.			✓	✓	✓	✓

2.3	SETOR HABITACIONAL (Cont.)	1 ★	2 ★	3 ★	4 ★	5 ★	5 ★(+)
2.3.36	Índice de iluminação suficiente para uso do espelho do banheiro, em 100% das UH.			✓	✓	✓	✓
2.3.37	Tomada a meia altura para barbeador em 100% das UH.			✓	✓	✓	✓
2.3.38	Indicação de voltagem das tomadas em 100% das UH.	✓	✓	✓	✓	✓	✓
2.3.39	Extensão telefônica em 100% dos banheiros das UH.					✓	✓
2.3.40	Box de chuveiro com área igual ou superior a 0,80m² em 100% das UH.			✓	✓	✓	✓
2.3.41	Banheira em 30% das UH.					✓	✓
2.3.42	Vedação para o box em 100% das UH.	✓	✓	✓	✓	✓	✓
2.3.43	Suporte ou apoio para produtos de banho, no box, em 90% das UH.			✓	✓	✓	✓
2.3.44	Acessórios complementares composto por cinco amenidades:						
	a) em 100% das UH;				✓	✓	✓
	b) disponibilizados para uso do hóspede.			✓			
2.3.45	Outros acessórios em 100% das UH (touca de banho, escova e pasta de dentes, xampu, creme condicionador, creme hidratante, secador de cabelos, roupão, espelho com lente de aumento, lixa, cotonete, espuma de banho, sais de banho, etc.):						
	a) mínimo de oito;						✓
	b) mínimo de seis;					✓	
	c) mínimo de quatro.				✓		
2.3.46	Revestimentos, pisos, forrações, mobiliários e decoração com equipamentos de 1ª linha.					✓	✓
2.3.47	Limpeza diária.	✓	✓	✓	✓	✓	✓
2.3.48	Freqüência de troca de roupas de cama a cada mudança de hóspede e:						
	a) diariamente se desejado pelo hóspede;				✓	✓	✓
	b) em dias alternados se desejado pelo hóspede;			✓			

2.3	**SETOR HABITACIONAL** (Cont.)	1 ★	2 ★	3 ★	4 ★	5 ★	5 ★(+)
	c) duas vezes por semana se desejado pelo hóspede.	✓	✓				
2.3.49	Freqüência de troca de roupas de banho a cada mudança de hóspede e:						
	a) diariamente, se desejado pelo hóspede;			✓	✓	✓	✓
	b) em dias alternados, se desejado pelo hóspede;		✓				
	c) duas vezes por semana, se desejado pelo hóspede.	✓					
2.3.50	Serviço "Não Perturbe", "Arrumar o Quarto".				✓	✓	✓
2.3.51	Detalhes especiais de cordialidade.					✓	✓
2.3.52	Ambientação/conforto/decoração compatíveis com a categoria.	✓	✓	✓	✓	✓	✓

2.4	**ÁREAS SOCIAIS**	1 ★	2 ★	3 ★	4 ★	5 ★	5 ★(+)
2.4.1	Relação de áreas sociais/estar por UH (não incluída a circulação) de:						
	a) 2,50m²;						✓
	b) 2,00m²;					✓	
	c) 1,50m²;				✓		
	d) 1,00m²;			✓			
	e) 0,50m².	✓	✓				
2.4.2	Banheiros sociais, masculino e feminino, separados entre si, com ventilação natural ou forçada, com compartimento especial, adaptado para pessoas com necessidades especiais, respeitando as normas e leis em vigor.			✓	✓	✓	✓
2.4.3	Estacionamento com número de vagas igual ou superior a 10% do número total de UH com local apropriado para embarque/desembarque de pessoas com necessidades especiais, devidamente sinalizado prevendo manobreiro.					✓	✓
2.4.4	Climatização adequada nas áreas sociais.				✓	✓	✓

2.4	ÁREAS SOCIAIS (Cont.)	1★	2★	3★	4★	5★	5★(+)
2.4.5	Revestimentos, pisos, forrações, mobiliários e decoração com materiais de 1ª linha.					✓	✓
2.4.6	Tratamento paisagístico.					✓	✓
2.4.7	Ambientação/conforto/decoração compatíveis com a categoria.	✓	✓	✓	✓	✓	✓

2.5	COMUNICAÇÕES	1★	2★	3★	4★	5★	5★(+)
2.5.1	Equipamento telefônico nas áreas sociais.	✓	✓	✓	✓	✓	✓
2.5.2	Local apropriado para ligações telefônicas nas áreas sociais, com privacidade.				✓	✓	✓
2.5.3	Central telefônica, com ramais em todos os setores.			✓	✓	✓	✓
2.5.4	Serviço telefônico eficaz, com equipamento apropriado.	✓	✓	✓	✓	✓	✓
2.5.5	Equipamento para fax.			✓	✓	✓	✓

2.6	ALIMENTOS E BEBIDAS	1★	2★	3★	4★	5★	5★(+)
2.6.1	Área de restaurante compatível com a quantidade de UH, com ambientes distintos e acessíveis para pessoas em cadeiras de rodas:						
	a) de no mínimo 1,00m² por lugar;						✓
	b) de no mínimo 0,80m² por lugar.					✓	✓
2.6.2	Ambiente para café da manhã/refeições leves.			✓			
2.6.3	Mínimo de um ambiente de bar.				✓	✓	✓
2.6.4	Copa central para o preparo de lanches e café da manhã.						✓
2.6.5	Despensa para abastecimento diário da cozinha.				✓	✓	✓
2.6.6	Climatização adequada nos restaurantes, bares e outros.				✓	✓	✓
2.6.7	Aparador, carrinho, *gueridon* ou similar.				✓	✓	✓
2.6.8	Toalhas e guardanapos de tecido.				✓	✓	✓

2.6	**ALIMENTOS E BEBIDAS** (Cont.)	1 ★	2 ★	3 ★	4 ★	5 ★	5 ★(+)
2.6.9	Baixelas e talheres de prata, inox, ou material equivalente.				✓	✓	✓
2.6.10	Pratos de porcelana ou equivalente de 1ª linha.				✓	✓	✓
2.6.11	Copos tipo cristal.				✓	✓	✓
2.6.12	Câmaras frigoríficas ou equipamento similar.				✓	✓	✓
2.6.13	Sistema de exaustão mecânica no ambiente.				✓	✓	✓
2.6.14	Telas nas áreas de serviço com aberturas para o exterior.	✓	✓	✓	✓	✓	✓
2.6.15	Critérios específicos de qualificação do cozinheiro.					✓	✓
2.6.16	Critérios específicos de qualificação do *barman*.					✓	✓
2.6.17	Serviço de alimentação, com qualidade e em níveis compatíveis com a categoria do estabelecimento, no:						
	a) almoço e jantar, de padrão internacional, no restaurante principal;					✓	✓
	b) almoço e jantar no restaurante principal;				✓		
	c) café da manhã e nas refeições leves eventualmente oferecidas.	✓	✓	✓	✓	✓	✓
2.6.18	Ambientação/conforto/decoração compatíveis com a categoria.	✓	✓	✓	✓	✓	✓

2.7	**LAZER**	1 ★	2 ★	3 ★	4 ★	5 ★	5 ★(+)
2.7.1	Sala de ginástica/musculação com instrutor.					✓	✓
2.7.2	Sauna seca ou a vapor, com sala de repouso.					✓	✓
2.7.3	Equipamentos de ginástica.					✓	✓
2.7.4	Ambiente reservado para leitura, visitas, jogos e outros.					✓	✓
2.7.5	Ambientação/conforto/decoração compatíveis com a categoria.				✓	✓	✓

Classificando e Auto-avaliando o Seu Hotel

2.8	REUNIÕES/ESCRITÓRIO VIRTUAL	1 ★	2 ★	3 ★	4 ★	5 ★	5 ★(+)
2.8.1	Ambiente adequado para reuniões/escritório virtual.				✓	✓	✓
2.8.2	Equipamentos para reuniões/escritório virtual.				✓	✓	✓
2.8.3	Qualidade dos serviços prestados (*coffee break* e outros).				✓	✓	✓
2.8.4	Ambientação/conforto/decoração compatíveis com a categoria.				✓	✓	✓

2.9	SERVIÇOS ADICIONAIS	1 ★	2 ★	3 ★	4 ★	5 ★	5 ★(+)
2.9.1	Ambientes, instalações e/ou equipamentos adequados destinados a salão de beleza, *baby-sitter*, venda de jornais e revistas, *drugstore*, loja de conveniência, locação de automóveis, reserva em espetáculos, agência de turismo, câmbio, transporte especial e outros:						
	a) mínimo de seis;						✓
	b) mínimo de três.					✓	
2.9.2	Critérios específicos de qualificação dos concessionários.				✓	✓	✓
2.9.3	Divulgação dos serviços disponibilizados.				✓	✓	✓
2.9.4	Ambiente, instalações e equipamentos adequados para eventos e banquetes.					✓	✓
2.9.5	Serviço de apoio disponível para eventos e banquetes.					✓	✓
2.9.6	Sala VIP com equipamentos para atender ao hóspede executivo (microcomputador, FAX, copiadora, TV, minissala de reuniões, área de estar e outros).					✓	✓

2.10	AÇÕES AMBIENTAIS	1 ★	2 ★	3 ★	4 ★	5 ★	5 ★(+)
2.10.1	Manter um programa interno de treinamento de funcionários para a redução de consumo de energia elétrica, consumo de água e redução de produção de resíduos sólidos.	✓	✓	✓	✓	✓	

2.10	AÇÕES AMBIENTAIS (Cont.)	1 ★	2 ★	3 ★	4 ★	5 ★	5 ★(+)
2.10.2	Manter um programa interno de separação de resíduos sólidos.		✓	✓	✓	✓	✓
2.10.3	Manter um local adequado para armazenamento de resíduos sólidos separados.			✓	✓	✓	✓
2.10.4	Manter local independente e vedado para armazenamento de resíduos sólidos contaminantes.				✓	✓	✓
2.10.5	Dispor de critérios específicos para destinação adequada dos resíduos sólidos.				✓	✓	✓
2.10.6	Manter monitoramento específico sobre o consumo de energia elétrica.	✓	✓	✓	✓	✓	✓
2.10.7	Manter critérios especiais e privilegiados para aquisição de produtos e equipamentos que apresentem eficiência energética e redução de consumo.				✓	✓	✓
2.10.8	Manter monitoramento específico sobre o consumo de água.	✓	✓	✓	✓	✓	✓
2.10.9	Manter critérios especiais e privilegiados para aquisição e uso de equipamentos e complementos que promovam a redução do consumo de água.				✓	✓	✓
2.10.10	Manter registros específicos e local adequado para armazenamento de produtos nocivos e poluentes.			✓	✓	✓	✓
2.10.11	Manter critérios especiais e privilegiados para aquisição e uso de produtos biodegradáveis.				✓	✓	✓
2.10.12	Manter critérios de qualificação de fornecedores levando em consideração as ações ambientais por estes realizadas.				✓	✓	✓
2.10.13	Ter um certificado expedido por organismo especializado quanto à efetividade de adequação ambiental da operação.						✓

O lado bom de todos estes mecanismos de avaliação, por diversas razões diferentes, foi esquecido pelo staff dos hotéis. Estas avaliações deveriam ser uma grande oportunidade de promover melhorias e mudanças nos serviços prestados e no produto oferecido, ao invés de simplesmente mostrarem ao cliente uma mera classificação. Minha sugestão é que seja resgatado este lado bom destes processos, e que os hotéis, de tempos em tempos, façam internamente uma auto-avaliação. Mas cuidado, quando eu digo uma auto-avaliação não significa preencher um formulário e pensar no total de pontos que você tem que atingir para ser bem classificado. Não vale se enganar. Você não precisa disto, afinal se esta auto-avaliação tiver o único objetivo de melhorar continuamente, pouco importa se o resultado for maravilhoso, ou um desastre. Quebre este paradigma, e permita que o senso crítico das pessoas seja utilizado. Aliás, sugiro que esta auto-avaliação seja feita por muitas pessoas integrantes do staff, de preferência de várias áreas. Quanto maior o número de pessoas, maior será o nível de confiabilidade das respostas. A seguir apresento uma sugestão de sistema de auto-avaliação, porém não significa que ela não possa ser complementada, adequada e adaptada a algumas necessidades específicas. Este é o modelo que eu utilizaria em meu hotel, aceito outras sugestões. Inseri 50 requisitos, que no meu conceito, podem ser importantes na prestação do serviço de um hotel. Para cada requisito apresentado, faça uma análise crítica sobre o grau de atendimento deste em seu hotel, classificando-o pelo seguinte critério de notas:

Nota 1 – Não atendemos a este requisito em sua totalidade.

Nota 2 – Atendemos em algumas situações este requisito.

Nota 3 – Atendemos na maioria das vezes este requisito.

Nota 4 – Atendemos sempre este requisito.

Caso o requisito não se aplique, este deverá ser classificado como NA, não-aplicável.

	NOTAS					
REQUISITO	1	2	3	4	NA
1. Qualidade do atendimento no setor de reservas (rapidez, confiabilidade de informação, cordialidade)					
2. Qualidade do *check-in* (rapidez, sistema informatizado e cordialidade)					
3. Atendentes falando mais que uma língua					
4. Mensageiros comunicativos e sabendo vender o hotel					
5. Decoração apropriada e agradável					
6. Ótimo grau de limpeza das áreas sociais e comuns					
7. Apartamentos funcionais e confortáveis					
8. Ótimo grau de limpeza dos apartamentos					
9. Enxoval em bom estado e confortável					
10. Boa iluminação do apartamento e banheiro					
11. Banheiros funcionais e confortáveis					
12. Bom conjunto de *amenities* (sabonetes, xampus, cremes, etc.)					
13. Acesso à Internet nos apartamentos					
14. Proteção do apartamento contra ruídos					
15. Segurança do apartamento (travas, cofres, telefones de emergência, rota de fuga estabelecida, etc.)					

Classificando e Auto-avaliando o Seu Hotel

REQUISITO	NOTAS				
	1	2	3	4	NA
16. Qualidade Ambiental do Apartamento (ar-condicionado, odores, proteção contra raios solares, etc.)					
17. Cama e travesseiros confortáveis					
18. Equipamentos auxiliares funcionando perfeitamente (TV, secador de cabelo, rádio, etc.)					
19. Qualidade do sistema de telefonia (atendimento, fácil acesso, tarifador confiável, etc.)					
20. Qualidade do *room service* (prontidão, qualidade da comida, variedade, agilidade, apresentação e retirada dos pratos)					
21. Qualidade do Restaurante (atendimento, qualidade da comida, variedade, agilidade, apresentação dos pratos)					
22. Qualidade dos serviços de informações gerais (recepção, concierge, telefonia)					
23. Manutenção geral do hotel					
24. Qualidade do *check-out* (rapidez, cordialidade e confiabilidade das contas)					
25. Grau de motivação dos funcionários					
26. Medição da satisfação dos clientes (pesquisas, entrevistas, etc.)					
27. Qualidade do Banco de Dados dos Clientes (cadastro atualizado, informações úteis e utilizadas)					
28. Comunicação com os clientes (durante e após a estada)					

REQUISITO	NOTAS				
	1	2	3	4	NA
29. Grau de preocupação com o meio ambiente e com a sociedade					
30. Armazenamento adequado de produtos alimentícios (câmaras frias, áreas de estoque, *freezers*, etc.)					
31. Serviços de lavanderia eficazes					
32. Local para estacionamento de veículos adequado					
33. Pessoal de recepção ou concierge atualizado quanto às informações da cidade					
34. Qualidade das informações disponíveis aos hóspedes (*folders* informativos, jornais internos, avisos visuais, etc.)					
35. Grau de envolvimento dos funcionários para a solução de problemas e a melhoria dos serviços					
36. Grau de inovação do hotel quanto aos serviços oferecidos					
37. Possuir um programa eficaz de fidelidade aos clientes					
38. Uso de sistemas informatizados (reservas, *check-in* e *out*, financeira, etc.)					
39. Tarifas competitivas em comparação à concorrência					
40. Facilidades de pagamentos					
41. Disponibilidades de informações sobre o hotel via Internet					
42. Receber reservas *on line* via Internet					
43. Possuir área de eventos compatível com o porte do hotel					

	NOTAS				
REQUISITO	1	2	3	4	NA
44. Salas de eventos equipadas					
45. Suporte de eventos adequado					
46. Área de lazer adequada ao estilo de hotel (piscinas, fitness center, salas de jogos/descanso, spa, etc.)					
47. Dedetização adequada e eficaz de apartamentos e demais dependências					
48. Disponibilidade de equipe de lazer e recreação adulto/infantil					
49. Disponibilidade de TV por assinatura nos apartamentos					
50. Uso adequado de sistemas de segurança					

Passo a Passo – Como Avaliar os Resultados

1. Esta relação pode ser aumentada com outros requisitos que forem importantes ou particulares de seu hotel. Cada requisito deve ser avaliado individualmente, e caso não seja aplicável ao seu tipo de hotel, deve ser desconsiderado;

2. Para tornar a análise mais eficaz, e proporcionar uma melhor avaliação de seu hotel, sugiro que você eleja os 20 requisitos mais importantes para seu cliente;

3. Após escolher os seus 20 requisitos principais (da minha lista de 50), passe à fase de quantificar os resultados;

4. Some as colunas das notas atribuídas (de 1 a 4) para os 50 atributos apresentados, sendo que para os atributos selecionados como muito importantes (aqueles 20 que você determinou baseado nas preferências de seus clientes) você irá multiplicar a nota obtida por 1,5. Isto significa, na prática, que você estará dando maior prioridade a estes itens.

5. O total de pontos possíveis de ser obtido deste mecanismo de avaliação é de 240 (30 questões com nota máxima de 4 + 20 questões com nota máxima de 6, ou seja 4 x 1,5);

6. Com base na nota máxima de 240 pontos, calcule seu Grau de Qualidade usando a seguinte fórmula:

$$\text{Grau de Qualidade (\%)} = \frac{\text{Total de Pontos Obtidos pelo Hotel}}{240} \times 100$$

7. Com o Grau de Qualidade estabelecido, verifique os principais pontos que devem ser trabalhados para que seu hotel aproxime-se da situação ideal (240 pontos ou 100%).

No exemplo a seguir apresentamos um estudo de caso que exemplifica a aplicação prática desta ferramenta.

Estudo de Caso – Happy Night Hotel

O hotel localiza-se em uma região de praia, possui 200 apartamentos, seus principais clientes são famílias em atividades de lazer e, durante as épocas de não-temporada, são grupos para realização de pequenos eventos (a maior sala permite acomodar 120 convencionais). O hotel possui uma equipe de 130 funcionários, e possui, dentre os seus serviços: lavanderia, área de piscinas com bar e dois restaurantes. Por estar localizado a 30 km da principal cidade da região, tem que manter um bom sistema de armazenamento e estoque de produtos.

	NOTAS				
REQUISITO	1	2	3	4	NA
1. Qualidade do atendimento no setor de reservas (rapidez, confiabilidade de informação, cordialidade)			•		
2. Qualidade do *check-in* (rapidez, sistema informatizado e cordialidade)			•		
3. Atendentes falando mais que uma língua	•				
4. Mensageiros comunicativos e sabendo vender o hotel				•	
5. Decoração apropriada e agradável			•		
6. Ótimo grau de limpeza das áreas sociais e comuns		•			
7. Apartamentos funcionais e confortáveis				•	
8. Ótimo grau de limpeza dos apartamentos			•		
9. Enxoval em bom estado e confortável			•		
10. Boa iluminação do apartamento e banheiro			•		
11. Banheiros funcionais e confortáveis			•		
12. Bom conjunto de amenities (sabonetes, xampus, cremes, etc.)		•			
13. Acesso à Internet nos apartamentos	•				
14. Proteção do apartamento contra ruídos				•	
15. Segurança do apartamento (travas, cofres, telefones de emergência, rota de fuga estabelecida, etc.)		•			

REQUISITO	NOTAS				
	1	2	3	4	NA
16. Qualidade Ambiental do Apartamento (ar-condicionado, odores, proteção contra raios solares, etc.)			•		
17. Cama e travesseiros confortáveis				•	
18. Equipamentos auxiliares funcionando perfeitamente (TV, secador de cabelo, rádio, etc.)				•	
19. Qualidade do sistema de telefonia (atendimento, fácil acesso, tarifador confiável, etc.)		•			
20. Qualidade do *room service* (prontidão, qualidade da comida, variedade, agilidade, apresentação e retirada dos pratos)	•				
21 Qualidade do Restaurante (atendimento, qualidade da comida, variedade, agilidade, apresentação dos pratos)			•		
22. Qualidade dos serviços de informações gerais (recepção, concierge, telefonia)			•		
23. Manutenção geral do hotel				•	
24. Qualidade do *check-out* (rapidez, cordialidade e confiabilidade das contas)		•			
25. Grau de motivação e treinamento dos funcionários			•		
26. Medição da satisfação dos clientes (pesquisas, entrevistas, etc.)			•		
27. Qualidade do Banco de Dados dos Clientes (cadastro atualizado, informações úteis e utilizadas)		•			
28. Comunicação com os clientes (durante e após a estada)				•	

	NOTAS				
REQUISITO	1	2	3	4	NA
29. Grau de preocupação com o meio ambiente e com a sociedade				•	
30. Armazenamento adequado de produtos alimentícios (câmaras frias, áreas de estoque, *freezers*, etc.)			•		
31. Serviços de lavanderia eficazes		•			
32. Local para estacionamento de veículos adequado			•		
33. Pessoal de recepção ou concierge atualizado quanto às informações da cidade		•			
34. Qualidade das informações disponíveis aos hóspedes (*folders* informativos, jornais internos, avisos visuais, etc.)		•			
35. Grau de envolvimento dos funcionários para a solução de problemas e a melhoria dos serviços			•		
36. Grau de inovação do hotel quanto aos serviços oferecidos			•		
37. Possuir um programa eficaz de fidelidade aos clientes	•				
38 Uso de sistemas informatizados (reservas, *check-in* e *out*, financeira, etc.)				•	
39. Tarifas competitivas em comparação à concorrência			•		
40 Facilidades de pagamentos			•		
41. Disponibilidades de informações sobre o hotel via Internet			•		
42. Receber reservas *on line* via Internet	•				
43. Possuir área de eventos compatível com o porte do hotel		•			

	NOTAS				
REQUISITO	1	2	3	4	NA
44. Salas de eventos equipadas		•			
45. Suporte de eventos adequado			•		
46. Área de lazer adequada ao estilo de hotel (piscinas, *fitness center*, salas de jogos/descanso, spa, etc.)			•		
47. Dedetização adequada e eficaz de apartamentos e demais dependências				•	
48. Disponibilidade de equipe de lazer e recreação adulto/infantil			•		
49. Disponibilidade de TV por assinatura nos apartamentos	•				
50. Uso adequado de sistemas de segurança			•		

A equipe gerencial do hotel definiu os 20 requisitos prioritários, e estes são identificados através de suas notas sombreadas. Para estas deveremos multiplicar a nota pontuada pelo fator de correção 1,5.

Vejamos a seguir os resultados obtidos pelo Happy Night Hotel, e sua análise final.

NOTAS PONTUADAS	1	2	3	4	NA
NÚMERO DE QUESTÕES PONTUADAS	6	9	24	11	0
PRIORITÁRIAS	0	2	11	6	0
TOTAL DE PONTOS POR NOTA	6	20	88,5	56	0
TOTAL DE PONTOS OBTIDOS	170,5				
TOTAL POSSÍVEL	240				
GRAU DE QUALIDADE	$\frac{170,5}{240} \times 100$				
(%)	71%				

Após realizadas as contas, poderemos chegar à conclusão que o Happy Night Hotel possui um sistema de trabalho e uma estrutura de hotel que lhe permite afirmar que aproximadamente 70% dos requisitos são atendidos. É muito importante enfatizar que devemos observar e voltar nossas atenções para os 30% que nos afastam da perfeição. No caso avaliado, vamos analisar primeiro duas situações. Primeiramente, definimos quais itens considerados críticos (aqueles que foram definidos pelo hotel e suas notas foram multiplicadas por 1,5) obtiveram notas inferiores a 3. Segundo nossa tabela na pág. 132, não tivemos nenhum destes casos com NOTA 1(ainda bem!), porém com NOTA 2 dois requisitos foram avaliados, são eles: grau de limpeza das áreas sociais e qualidade do *check-out*. Repare que dos 12 pontos possíveis na somatória destes itens, o hotel somente obteve 6. Ou seja, se conseguirmos trabalhar nestes requisitos eficazmente, poderemos aumentar em até 2,5% nosso resultado do Grau de Qualidade. Em segundo lugar, devemos nos preocupar com os demais requisitos que resultaram em notas 1 e 2 e que não foram considerados como críticos para a operação deste hotel. Foram 6 requisitos com a nota mínima (1) e 7 com a nota 2, conforme mencionado a seguir.

Requisitos com Nota 1

3. Atendentes falando mais que uma língua
13. Acesso a Internet nos apartamentos
20. Qualidade do *room service* (prontidão, qualidade da comida, variedade, agilidade, apresentação e retirada dos pratos)
37. Possuir um programa eficaz de fidelidade aos clientes
42. Receber reservas on line via Internet
49. Disponibilidade de TV por assinatura nos apartamentos

Requisitos com Nota 2
(Considerados não-críticos)

12. Bom conjunto de amenities (sabonetes, xampus, cremes, etc.)
19. Qualidade do sistema de telefonia (atendimento, fácil acesso, tarifador confiável, etc.)
27. Qualidade do Banco de Dados dos Clientes (cadastro atualizado, informações úteis e utilizadas)
33. Pessoal de recepção ou concierge atualizado quanto às informações da cidade
34. Qualidade das informações disponíveis aos hóspedes (folders informativos, jornais internos, avisos visuais, etc.)
43. Possuir área de eventos compatível com o porte do hotel
44. Salas de eventos equipadas

Quaisquer projetos de melhorias para atender os requisitos aqui mencionados fariam com que o desempenho final fosse melhorado. Atualmente a pontuação destes 13 requisitos soma 20 pontos, podendo chegar a um máximo de 52 pontos, ou seja, um aumento no Grau de Qualidade final de até 13,3%.

Outros requisitos poderiam ser analisados, porém este exemplo foi colocado aqui apenas como um modelo de análise e, é óbvio, deve ser adaptado para a realidade de cada tipo de estabelecimento. Faça bom proveito da ferramenta, mas não se esqueça de que a auto-avaliação deve ser feita de forma crítica, sem uso do coração. Pense naquele cliente mais exigente, e assim estará fazendo com que sua avaliação seja muito útil dentro de um sistema de gestão do seu negócio.

A NOVA ISO 9001 VERSÃO 2000 E SUA APLICAÇÃO NA HOTELARIA

Quando James Lamprecht e eu, há alguns anos, escrevemos o livro "Padronizando o Sistema da Qualidade na Hotelaria Mundial – Como Implementar a ISO 9000 e a ISO 14000 em Hotéis e Restaurantes", existiam poucos hotéis certificados no Brasil. Este número cresceu bastante, e parece que a adoção de um sistema de gestão da qualidade com base em normas internacionais é hoje uma verdade. A cada dia mais hotéis estão buscando implementar a série 9000 como modelo de gerenciamento e melhoria. No final de 2000, a International Organization for Standardization, com sede na Suíça, reeditou as normas ISO Série 9000, com algumas novidades importantes. Por exemplo, não mais existem os documentos e modelos ISO 9002 e ISO 9003, que passam agora a ser incorporados somente pela ISO 9001:2000. Para a enorme maioria dos hotéis que montaram seus sistemas da qualidade baseados na ISO 9002, versão 94, aplica-se agora a nova ISO 9001 versão 2000, com exclusão do capítulo projetos. Outra boa novidade para os hotéis e para empresas do segmento de serviços é a alteração de linguagem, que torna o entendimento e aplicação deste modelo mais alinhado com as necessidades deste segmento. Isto não significa que em alguns momentos, ao ler o documento 9001, você não possa se sentir um pouco perdido, como que dizendo "... isto não foi escrito pensando em nós". O objetivo desta seção é o de apresentar os principais novos requisitos e conceitos da ISO 9001:2000 e sua aplicação prática na hotelaria. Pretende servir como atualização, para aqueles hotéis que já optaram pela série 9000 como modelo de gestão, e também como guia de implementação, para aqueles hotéis que no futuro estarão trabalhando neste sistema.

Principais Requisitos da ISO 9001-2000 (Requisitos Antigos – Já Constantes da Revisão Anterior de 1994)

Os requisitos apresentados a seguir se referem a assuntos já tratados nas normas ISO 9001 e ISO 9002 na revisão de 1994. Alguns foram mantidos praticamente inalterados, outros foram revisados em linguagem e conteúdo. Os números à frente de cada requisito são os originais da nova ISO 9001:2000, sendo que os números entre parênteses, após cada título, referem-se aos números adotados anteriormente. Somente foram agregados aqui os textos que requerem itens mandatórios (descritos como DEVE/DEVEM). Para melhor entendimento do texto, o termo ORGANIZAÇÃO contido na norma foi alterado pela palavra HOTEL. Com o mesmo objetivo, a palavra PRODUTO, mencionada diversas vezes na ISO 9001:2000, foi substituída por PRODUTO/SERVIÇO. Os textos em itálico originam-se da ISO 9001:2000, apenas com as alterações mencionadas anteriormente. Algumas notas e observações foram retiradas, para obter o texto original contate a ABNT – Associação Brasileira de Normas Técnicas. O comentário seguido ao final de cada principal seção tem como objetivo orientar a interpretação e aplicação prática do mesmo na hotelaria.

Seções Principais da ISO 9001-2000

4 – **Sistema de gestão da qualidade.**
5 – **Responsabilidade da direção.**
6 – **Gestão de recursos.**
7 – **Realização do produto/serviço.**
8 – **Medição, análise e melhoria.**

4 – **Sistema de gestão da qualidade (antigo 4.2)**

4.1 Requisitos gerais

O hotel deve estabelecer, documentar, implementar, manter um sistema de gestão da qualidade e melhorar continua-

mente a sua eficácia e de acordo com os requisitos desta Norma.

O hotel deve:

a) *identificar os processos necessários para o sistema de gestão da qualidade e sua aplicação por todo o hotel (ver 1.2);*

b) *determinar a seqüência e interação desses processos;*

c) *determinar critérios e métodos necessários para assegurar que a operação e o controle desses processos sejam eficazes;*

d) *assegurar a disponibilidade de recursos e informações necessárias para apoiar a operação e o monitoramento desses processos;*

e) *monitorar, medir e analisar esses processos; e*

f) *implementar ações necessárias para atingir os resultados planejados e a melhoria contínua desses processos.*

Esses processos devem ser geridos pelo hotel de acordo com os requisitos desta Norma.

Quando um hotel optar por adquirir externamente algum processo que afete a conformidade do produto/serviço em relação aos requisitos, o hotel deve assegurar o controle desses processos. O controle de tais processos deve ser identificado no sistema de gestão da qualidade.

4.2 Requisitos de documentação (antigos 4.2 + 4.5)

4.2.1 Generalidades

A documentação do sistema de gestão da qualidade deve incluir:

a) *declarações documentadas da política da qualidade e dos objetivos da qualidade;*

b) *manual da qualidade;*

c) *procedimentos documentados requeridos por esta Norma;*

d) *os documentos necessários ao hotel para assegurar o planejamento, a operação e o controle eficazes de seus processos; e*

e) *registros requeridos por esta Norma (ver 4.2.4).*

4.2.2 Manual da qualidade (4.2)

O hotel deve estabelecer e manter um manual da qualidade que inclua o seguinte:

a) o escopo do sistema de gestão da qualidade, incluindo detalhes e justificativas para quaisquer exclusões;

b) os procedimentos documentados estabelecidos para o sistema de gestão da qualidade, ou referência a eles; e

c) a descrição da interação entre os processos do sistema de gestão da qualidade.

4.2.3 Controle de documentos (4.5)

Os documentos requeridos pelo sistema de gestão da qualidade devem ser controlados. Registros são um tipo especial de documento e devem ser controlados de acordo com os requisitos apresentados em 4.2.4.

Um procedimento documentado deve ser estabelecido para definir os controles necessários para:

a) aprovar documentos quanto à sua adequação, antes da sua emissão;

b) analisar criticamente e atualizar quando necessário, e reaprovar documentos;

c) assegurar que alterações e a situação da revisão atual dos documentos sejam identificadas;

d) assegurar que as versões pertinentes de documentos aplicáveis estejam disponíveis nos locais de uso;

e) assegurar que os documentos permaneçam legíveis e prontamente identificáveis;

f) assegurar que documentos de origem externa sejam identificados e que sua distribuição seja controlada; e

g) evitar o uso não intencional de documentos obsoletos, e aplicar identificação adequada nos casos em que forem retidos por qualquer propósito.

4.2.4 Controle de registros (4.16)

Registros devem ser estabelecidos e mantidos para prover evidências da conformidade com requisitos e da operação eficaz do sistema de gestão da qualidade. Registros devem ser mantidos legíveis, prontamente identificáveis e recuperáveis. Um procedimento documentado deve ser estabelecido para definir os controles necessários para identificação, armazenamento, proteção, recuperação, tempo de retenção e descarte dos registros.

5 – Responsablidade da direção (antigo 4.1)

5.1 Comprometimento da direção

A alta direção deve fornecer evidência do seu comprometimento com o desenvolvimento e com a implementação do sistema de gestão da qualidade e com a melhoria contínua de sua eficácia mediante:

a) a comunicação à organização da importância em atender aos requisitos dos clientes como também aos requisitos regulamentares e estatutários;

b) o estabelecimento da política da qualidade;

c) a garantia de que são estabelecidos os objetivos da qualidade;

d) a condução de análises críticas pela direção; e

e) a garantia da disponibilidade de recursos.

5.3 Política da qualidade (4.1)

A alta direção deve assegurar que a política da qualidade:

a) é apropriada ao propósito do hotel;

b) inclui um comprometimento com o atendimento aos requisitos e com a melhoria contínua da eficácia do sistema de gestão da qualidade;

c) proporciona uma estrutura para instituição e análise crítica dos objetivos da qualidade;

d) é comunicada e entendida por todo o hotel; e

e) é analisada criticamente para manutenção de sua adequação.

5.4 Planejamento
5.4.1 Objetivos da qualidade

A alta direção deve assegurar que os objetivos da qualidade, incluindo aqueles necessários para satisfazer aos requisitos do produto/serviço [ver 7.1 a)], são estabelecidos nas funções e nos níveis pertinentes do hotel. Os objetivos da qualidade devem ser mensuráveis e coerentes com a política da qualidade.

5.4.2 Planejamento do sistema de gestão da qualidade

A alta direção deve assegurar que:

a) o planejamento do sistema de gestão da qualidade é realizado de forma a satisfazer aos requisitos citados em 4.1, bem como aos objetivos da qualidade; e

b) a integridade do sistema de gestão da qualidade é mantida quando mudanças no sistema de gestão da qualidade são planejadas e implementadas.

5.5 Responsabilidade, autoridade e comunicação
5.5.1 Responsabilidade e autoridade

A alta direção deve assegurar que as responsabilidades e autoridades são definidas e comunicadas no hotel.

5.5.2 Representante da direção

A alta direção deve indicar um membro do hotel que, independente de outras responsabilidades, deve ter responsabilidade e autoridade para:

a) assegurar que os processos necessários para o sistema de gestão da qualidade sejam estabelecidos, implementados e mantidos;

b) relatar à alta direção o desempenho do sistema de gestão da qualidade e qualquer necessidade de melhoria; e

c) assegurar a promoção da conscientização sobre os requisitos do cliente em todo o hotel.

5.6 Análise crítica pela direção (4.1)
5.6.1 Generalidades

A alta direção deve analisar criticamente o sistema de gestão da qualidade do hotel, a intervalos planejados, para assegurar *sua contínua pertinência, adequação e eficácia.* Essa análise crítica deve incluir a avaliação de oportunidades para melhoria e necessidade de mudanças no sistema de gestão da qualidade, incluindo a política da qualidade e os objetivos da qualidade.

Devem ser mantidos registros das análises críticas pela alta direção (ver 4.2.4).

5.6.2 Entradas para análise crítica

As entradas para a análise crítica pela direção devem incluir informações sobre:

a) resultados de auditorias;

b) realimentação de cliente;

c) desempenho de processo e conformidade de produto/serviço;

d) situação das ações preventivas e corretivas;

e) acompanhamento das ações das análises críticas anteriores pela direção;

f) mudanças que possam afetar o sistema de gestão da qualidade; e

g) recomendações para melhoria.

5.6.3 Saídas da análise crítica

As saídas da análise crítica pela direção devem incluir quaisquer decisões e ações relacionadas a:

a) melhoria da eficácia do sistema de gestão da qualidade e de seus processos;

b) melhoria do produto/serviço em relação aos requisitos do cliente; e

c) necessidades de recursos.

6 – Gestão de Recursos (antigo 4.1)

6.1 Provisão de recursos

O hotel deve determinar e prover recursos necessários para:

a) implementar e manter o sistema de gestão da qualidade e melhorar continuamente sua eficácia; e

b) aumentar a satisfação de clientes mediante o atendimento aos seus requisitos.

6.2 Recursos humanos (4.18)
6.2.1 Generalidades

O pessoal que executa atividades que afetam a qualidade do produto/serviço deve ser competente com base em educação, treinamento, habilidade e experiência apropriados.

7 – Realização do Produto/Serviço

7.1 Planejamento da realização do produto/serviço

O hotel deve planejar e desenvolver os processos necessários para a realização do produto/serviço. O planejamento da realização do produto/serviço deve ser coerente com os requisitos de outros processos do sistema de gestão da qualidade (ver 4.1).

Ao planejar a realização do produto/serviço, o hotel deve determinar o seguinte, quando apropriado:

a) objetivos da qualidade e requisitos para o produto/serviço;

b) a necessidade de estabelecer processos e documentos e prover recursos específicos para o produto/serviço;

c) verificação, validação, monitoramento, inspeção e atividades de ensaio requeridos, específicos para o produto/serviço, bem como os critérios para a aceitação do produto/serviço;

d) registros necessários para fornecer evidência de que os processos de realização e o produto/serviço resultante atendem aos requisitos (ver 4.2.4).

A saída deste planejamento deve ser de forma adequada ao método de operação do hotel.

7.2.2 Análise crítica dos requisitos relacionados ao produto/serviço (antigo 4.3)

O hotel deve analisar criticamente os requisitos relacionados ao produto/serviço. Esta análise crítica deve ser realizada antes do hotel assumir o compromisso de fornecer um produto/ serviço para o cliente (por exemplo, apresentação de propostas, aceitação de contratos ou pedidos, aceitação de alterações em contratos ou pedidos) e devem assegurar que:

a) os requisitos do produto/serviço estão definidos;

b) os requisitos de contrato ou de pedido que difiram daqueles previamente manifestados estão resolvidos; e

c) o hotel tem a capacidade para atender aos requisitos definidos.

Devem ser mantidos registros dos resultados da análise crítica e das ações resultantes dessa análise (ver 4.2.4).

Quando o cliente não fornece uma declaração documentada dos requisitos, o hotel deve confirmar os requisitos do cliente antes da aceitação.

Quando os requisitos de produto/serviço forem alterados, o hotel deve assegurar que os documentos pertinentes são complementados e que o pessoal pertinente é alertado sobre os requisitos alterados.

NOTA: Em algumas situações, como vendas pela Internet, uma análise crítica formal para cada pedido é impraticável. Nesses casos, a análise crítica pode compreender as informações pertinentes ao produto/serviço, tais como catálogos ou material de propaganda.

7.3 Projeto e desenvolvimento (antigo 4.4 – e excluído para organizações que não possuem responsabilidade de PROJETO, caso dos hotéis, por exemplo)

7.3.1 Planejamento do projeto e desenvolvimento

A organização deve planejar e controlar o projeto e desenvolvimento de produto/serviço.

Durante o planejamento do projeto e desenvolvimento a organização deve determinar:

a) os estágios do projeto e desenvolvimento;

b) a análise crítica, verificação e validação que sejam apropriadas para cada fase do projeto e desenvolvimento; e

c) as responsabilidades e autoridades para projeto e desenvolvimento.

A organização deve gerenciar as interfaces entre diferentes grupos envolvidos no projeto e desenvolvimento, para assegurar a comunicação eficaz e a designação clara de responsabilidades.

As saídas do planejamento devem ser atualizadas apropriadamente, à medida que o projeto e o desenvolvimento progredirem.

7.3.2 Entradas de projeto e desenvolvimento

Entradas relativas a requisitos de produto/serviço devem ser determinadas e registros devem ser mantidos (ver 4.2.4). Essas entradas devem incluir:

a) requisitos de funcionamento e de desempenho;

b) requisitos estatutários e regulamentares aplicáveis;

c) onde aplicável, informações originadas de projetos anteriores semelhantes; e

d) outros requisitos essenciais para projeto e desenvolvimento.

Essas entradas devem ser analisadas criticamente quanto à adequação. Requisitos devem ser completos, sem ambigüidades e não conflitantes entre si.

7.3.3 Saídas de projeto e desenvolvimento

As saídas de projeto e desenvolvimento devem ser apresentadas de uma forma que possibilite a verificação em relação às entradas de projeto e desenvolvimento e devem ser aprovadas antes de serem liberadas.

As saídas de projeto e desenvolvimento devem:

a) atender aos requisitos de entrada para projeto e desenvolvimento;

b) fornecer informações apropriadas para aquisição, produção e fornecimento de serviço;

c) conter ou referenciar critérios de aceitação do produto/serviço; e

d) especificar as características do produto/serviço que são essenciais para seu uso seguro e adequado.

7.3.4 Análise crítica de projeto e desenvolvimento

Devem ser realizadas, em fases apropriadas, análises críticas sistemáticas de projeto e desenvolvimento, de acordo com disposições planejadas (7.3.1)

a) avaliar a capacidade dos resultados do projeto e desenvolvimento em atender aos requisitos; e

b) identificar qualquer problema e propor as ações necessárias.

Entre os participantes dessas análises críticas devem estar incluídos representantes de funções envolvidas com o(s) estágio(s) do projeto e desenvolvimento que está(ão) sendo analisado(s) criticamente. Devem ser mantidos registros dos resultados das análises críticas e de quaisquer ações necessárias (ver 4.2.4).

7.3.5 Verificação de projeto e desenvolvimento

A verificação deve ser executada conforme disposições planejadas (ver 7.3.1), para assegurar que as saídas do projeto e desenvolvimento estejam atendendo aos requisitos de entrada do projeto e desenvolvimento. Devem ser mantidos registros dos resultados da verificação e de quaisquer ações necessárias (ver 4.2.4).

7.3.6 Validação de projeto e desenvolvimento

A validação do projeto e desenvolvimento deve ser executada conforme disposições planejadas (ver 7.3.1), para assegurar que o produto/serviço resultante é capaz de atender aos requisitos para aplicação especificada ou uso intencional, onde conhecido. Onde for praticável, a validação deve ser concluída antes da entrega ou implementação do produto/serviço. Devem ser mantidos registros dos resultados de validação e de quaisquer ações necessárias (ver 4.2.4).

7.3.7 Controle de alterações de projeto e desenvolvimento

As alterações de projeto e desenvolvimento devem ser identificadas e registros devem ser mantidos. As alterações devem ser analisadas criticamente, verificadas e validadas, como apropriado, e aprovadas antes da sua implementação. A análise crítica das alterações de projeto e desenvolvimento deve incluir a avaliação do efeito das alterações em partes componentes e no produto/serviço já entregue.

Devem ser mantidos registros dos resultados da análise crítica de alterações e de quaisquer ações necessárias (ver 4.2.4).

7.4 Aquisição (antigo 4.6)

7.4.1 Processo de aquisição

O hotel deve assegurar que o produto/serviço adquirido está conforme aos requisitos especificados de aquisição. O tipo e extensão do controle aplicado ao fornecedor e ao produto/serviço adquirido devem depender do efeito do produto/serviço adquirido na realização subseqüente do produto/serviço ou no produto/serviço final.

O hotel deve avaliar e selecionar fornecedores com base na sua capacidade em fornecer produto/serviços de acordo com os requisitos do hotel. Critérios para seleção, avaliação e reavaliação devem ser estabelecidos. Devem ser mantidos registros dos resultados das avaliações e de quaisquer ações necessárias, oriundas da avaliação (ver 4.2.4).

7.4.2 Informações de aquisição

As informações de aquisição devem descrever o produto/serviço a ser adquirido e incluir, onde apropriado, requisitos para:

a) aprovação de produto/serviço, procedimentos, processos e equipamento;

b) qualificação de pessoal; e

c) sistema de gestão da qualidade.

O hotel deve assegurar a adequação dos requisitos de aquisição especificados antes da sua comunicação ao fornecedor.

7.4.3 Verificação do produto/serviço adquirido

O hotel deve estabelecer e implementar inspeção ou outras atividades necessárias para assegurar que o produto/serviço adquirido atende aos requisitos de aquisição especificados.

Quando o hotel ou seu cliente pretender executar a verificação nas instalações do fornecedor, o hotel deve declarar, nas informações de aquisição, as providências de verificação pretendidas e o método de liberação de produto/serviço.

7.5 Produção e fornecimento de serviço (antigo 4.9)
7.5.1 Controle de produção e fornecimento de serviço

O hotel deve planejar e realizar a produção e o fornecimento de serviço sob condições controladas. Condições controladas devem incluir, quando aplicável:

a) a disponibilidade de informações que descrevam as características do produto/serviço;

b) a disponibilidade de instruções de trabalho, quando necessário;

c) o uso de equipamento adequado;

d) a disponibilidade e o uso de dispositivos para monitoramento e medição;

e) a implementação de medição e monitoramento; e

f) a implementação da liberação, entrega e atividades pós-entrega.

7.5.2 Validação dos processos de produção e fornecimento de serviço

O hotel deve validar quaisquer processos de produção e fornecimento de serviço onde a saída resultante não possa ser verificada por monitoramento ou medição subseqüente. Isso inclui quaisquer processos onde as deficiências só fiquem aparentes depois que o produto/serviço esteja em uso ou o serviço tenha sido entregue.

A validação deve demonstrar a capacidade desses processos de alcançar os resultados planejados.

O hotel deve tomar as providências necessárias para esses processos, incluindo, quando aplicável:

a) critérios definidos para análise crítica e aprovação dos processos;

b) aprovação de equipamento e qualificação de pessoal;

c) uso de métodos e procedimentos específicos;

d) requisitos para registros (ver 4.2.4); e

e) revalidação.

7.5.3 Identificação e rastreabilidade (antigo 4.8)

Quando apropriado, o hotel deve identificar o produto/serviço por meios adequados ao longo da realização do produto/serviço.

O hotel deve identificar a situação do produto/serviço no que se refere aos requisitos de monitoramento e de medição.

Quando a rastreabilidade é um requisito, o hotel deve controlar e registrar a identificação única do produto/serviço (ver 4.2.4).

7.5.4 Propriedade de cliente (antigo 4.7)

O hotel deve ter cuidado com a propriedade do cliente enquanto estiver sob o controle do hotel ou sendo usada por ela. O hotel deve identificar, verificar, proteger e salvaguardar a propriedade do cliente fornecida para uso ou incorporação no produto/serviço. Se qualquer propriedade do cliente for perdida, danificada ou considerada inadequada para uso, isso deve ser informado ao cliente e devem ser mantidos registros (ver 4.2.4).

NOTA: Propriedade do cliente pode incluir propriedade intelectual.

7.5.5 Preservação de produto/serviço (antigo 4.15)

O hotel deve preservar a conformidade do produto/serviço durante processo interno e entrega no destino pretendido. Esta preservação deve incluir identificação, manuseio, embalagem, armazenamento e proteção. A preservação também deve ser aplicada às partes constituintes de um produto/serviço.

7.6 Controle de dispositivos de medição e monitoramento (4.11)

O hotel deve determinar as medições e os monitoramentos a serem realizados e os dispositivos de medição e monitoramento necessários para evidenciar a conformidade do produto/serviço com os requisitos determinados (ver 7.2.1).

O hotel deve estabelecer processos para assegurar que medição e monitoramento podem ser realizados e são executados de uma maneira coerente com os requisitos de medição e monitoramento.

Quando for necessário assegurar resultados válidos, o dispositivo de medição deve ser:

a) calibrado ou verificado a intervalos especificados ou antes do uso, contra padrões de medição rastreáveis a padrões de medição internacionais ou nacionais; quando esse padrão não existir, a base usada para calibração ou verificação deve ser registrada;

b) ajustado ou reajustado, como necessário;

c) identificado para possibilitar que a situação da calibração seja determinada;

d) protegido contra ajustes que possam invalidar resultado da medição; e

e) protegido de dano e deterioração durante o manuseio, manutenção e armazenamento.

Adicionalmente, o hotel deve avaliar e registrar a validade dos resultados de medições anteriores quando constatar que o dispositivo não está conforme com os requisitos. O hotel deve tomar ação apropriada no dispositivo e em qualquer produto/serviço afetado. Registros dos resultados de calibração e verificação devem ser mantidos (ver 4.2.4).

Quando usado na medição e no monitoramento de requisitos especificados, deve ser confirmada a capacidade do software de computador para satisfazer a aplicação pretendida. Isso deve ser feito antes do uso inicial e reconfirmado se necessário.

8 – Medição, Análise e Melhoria

8.2.2 Auditoria interna (antigo 4.17)

O hotel deve executar auditorias internas a intervalos planejados, para determinar se o sistema de gestão da qualidade:

a) está conforme com as disposições planejadas (ver 7.1), com os requisitos desta Norma e com os requisitos do sistema de gestão da qualidade estabelecidos pelo hotel; e

b) está mantido e implementado eficazmente.

Um programa de auditoria deve ser planejado, levando em consideração a situação e a importância dos processos e áreas a serem auditadas, bem como os resultados de auditorias anteriores. Os critérios da auditoria, escopo, freqüência e métodos devem ser definidos. A seleção dos auditores e a execução das auditorias devem assegurar objetividade e imparcialidade do processo de auditoria. Os auditores não devem auditar o seu próprio trabalho.

As responsabilidades e os requisitos para planejamento e para execução de auditorias e para relatar os resultados e manutenção dos registros (ver 4.2.4) devem ser definidos em um procedimento documentado.

O responsável pela área a ser auditada deve assegurar que as ações sejam executadas, sem demora indevida, para eliminar não-conformidades detectadas e suas causas. As atividades de acompanhamento devem incluir a verificação das ações executadas e o relato dos resultados de verificação (ver 8.5.2).

8.2.3 Medição e monitoramento de processos (antigo 4.10)

O hotel deve aplicar métodos adequados para monitoramento e, quando aplicável, para medição dos processos do sistema de gestão da qualidade. Esses métodos devem demonstrar a capacidade dos processos em alcançar os resultados planejados. Quando os resultados planejados não são alcançados, devem ser efetuadas as correções e executadas as ações corretivas, como apropriado, para assegurar a conformidade do produto/serviço.

8.2.4 Medição e monitoramento de produto/serviço (antigo 4.10)

O hotel deve medir e monitorar as características do produto/serviço para verificar se os requisitos do produto/serviço têm sido atendidos. Isso deve ser realizado em estágios apropriados do processo de realização do produto/serviço, de acordo com as providências planejadas (ver 7.1).

A evidência de conformidade com os critérios de aceitação deve ser mantida. Os registros devem indicar a(s) pessoa(s) autorizada(s) a liberar o produto/serviço (ver 4.2.4).

A liberação do produto/serviço e a entrega do serviço não devem prosseguir até que todas as providências planejadas (ver 7.1) tenham sido satisfatoriamente concluídas, a menos que aprovado de outra maneira por uma autoridade pertinente e, quando aplicável, pelo cliente.

8.3 Controle de produto/serviço não-conforme (antigo 4.13)

O hotel deve assegurar que produtos/serviços que não estejam conforme com os requisitos do produto/serviço sejam identificados e controlados para evitar seu uso ou entrega não intencional. Os controles e as responsabilidades e autoridades relacionadas para lidar com produtos/serviços não-conformes devem ser definidos em um procedimento documentado.

O hotel deve tratar os produtos/serviços não-conformes por uma ou mais das seguintes formas:

a) execução de ações para eliminar a não-conformidade detectada;

b) autorização do seu uso, liberação ou aceitação sob concessão por uma autoridade pertinente e, onde aplicável, pelo cliente;

c) execução de ação para impedir o seu uso pretendido ou aplicação originais.

Devem ser mantidos registros sobre a natureza das não-conformidades e quaisquer ações subseqüentes executadas, incluindo concessões obtidas (ver 4.2.4).

Quando o produto/serviço não-conforme for corrigido, esse deve ser reverificado para demonstrar a conformidade com os requisitos.

Quando a não-conformidade do produto/serviço for detectada após a entrega ou o início de seu uso, o hotel deve tomar as ações apropriadas em relação aos efeitos, ou potenciais efeitos, da não-conformidade.

8.5.2 Ação corretiva (antigo 4.14)

O hotel deve executar ações corretivas para eliminar as causas de não-conformidades, de forma a evitar sua repetição. As ações corretivas devem ser apropriadas aos efeitos das não-conformidades encontradas.

Um procedimento documentado deve ser estabelecido para definir os requisitos para:

a) análise crítica das não-conformidades (incluindo reclamações de clientes);
b) determinação das causas das não-conformidades;
c) avaliação da necessidade de ações para assegurar que aquelas não-conformidades não ocorrerão novamente;
d) determinação e implementação de ações necessárias;
e) registro dos resultados de ações executadas (ver 4.2.4); e
f) análise crítica de ações corretivas executadas.

8.5.3 Ações preventivas (antigo 4.14)

O hotel deve definir ações para eliminar as causas de não-conformidades potenciais, de forma a evitar sua ocorrência. As ações preventivas devem ser apropriadas aos efeitos dos problemas potenciais.

Um procedimento documentado deve ser estabelecido para definir os requisitos para:

a) definição de não-conformidades potenciais e de suas causas;
b) avaliação da necessidade de ações para evitar a ocorrência de não-conformidades;
c) definição e implementação de ações necessárias;
d) registros de resultados de ações executadas (ver 4.2.4), e
e) análise crítica de ações preventivas executadas.

Novos Requisitos (Introduzidos na Revisão 2000)

A seguir complementamos nossa relação de requisitos, com aqueles que foram inseridos na nova norma, e que não apareciam claramente nas revisões anteriores, ou que foram alterados profundamente.

5.2 Foco no cliente

A alta direção deve assegurar que os requisitos do cliente são determinados e atendidos com o propósito de aumentar a satisfação do cliente (ver 7.2.1 e 8.2.1).

5.5.3 Comunicação interna

A alta direção deve assegurar que são estabelecidos no hotel os processos de comunicação apropriados e que seja realizada comunicação relativa à eficácia do sistema de gestão da qualidade.

6.2.2 Competência, conscientização e treinamento

O hotel deve:

a) determinar as competências necessárias para o pessoal que executa trabalhos que afetam a qualidade do produto/serviço;

b) fornecer treinamento ou tomar outras ações para satisfazer essas necessidades de competência;

c) avaliar a eficácia das ações executadas;

d) assegurar que o seu pessoal está consciente quanto à pertinência e importância de suas atividades e de como elas contribuem para atingir os objetivos da qualidade; e

e) manter registros apropriados da educação, treinamento, habilidade e experiência (ver 4.2.4).

6.3 Infra-estrutura

O hotel deve determinar, prover e manter a infra-estrutura necessária para alcançar a conformidade com os requisitos do produto/serviço. A infra-estrutura inclui, quando aplicável:

a) edifícios, espaço de trabalho e instalações associadas;

b) equipamentos de processo (tanto materiais e equipamentos quanto programas de computadores); e

c) serviços de apoio (tais como transporte ou comunicação).

6.4 Ambiente de trabalho

O hotel deve determinar e gerenciar as condições do ambiente de trabalho necessárias para alcançar a conformidade com os requisitos do produto/serviço.

7.2 Processos relacionados a clientes

7.2.1 Determinação dos requisitos relacionados ao produto/serviço

O hotel deve determinar:

a) os requisitos especificados pelo cliente, incluindo os requisitos para entrega e para atividades de pós-entrega;

b) os requisitos não declarados pelo cliente, mas necessários para o uso especificado ou intencional, onde conhecido;

c) requisitos estatutários e regulamentares relacionados ao produto/serviço; e

d) qualquer requisito adicional determinado pelo hotel.

7.2.3 Comunicação com o cliente

O hotel deve determinar e tomar providências eficazes para se comunicar com os clientes em relação a:

a) informações sobre o produto/serviço;

b) tratamento de consultas, contratos ou pedidos, incluindo emendas; e

c) realimentação do cliente, incluindo suas reclamações.

8.1 Generalidades

O hotel deve planejar e implementar os processos necessários de monitoramento, medição, análise e melhoria para:

a) demonstrar a conformidade do produto/serviço;

b) assegurar a conformidade do sistema de gestão da qualidade; e

c) melhorar continuamente a eficácia do sistema de gestão da qualidade.

Isso deve incluir a determinação dos métodos aplicáveis, incluindo técnicas estatísticas, e a extensão de seu uso.

8.2 Medição e monitoramento

8.2.1 Satisfação de clientes

Como uma das medições do desempenho do sistema de gestão da qualidade, o hotel deve monitorar informações relativas à percepção do cliente sobre se o hotel atendeu aos requisitos do cliente. Os métodos para obtenção e uso dessas informações devem ser determinados.

8.4 Análise de dados

O hotel deve determinar, coletar e analisar dados apropriados para demonstrar a adequação e eficácia do sistema de gestão da qualidade e para avaliar onde melhorias contínuas da eficácia do sistema de gestão da qualidade podem ser realizadas. Isso deve incluir dados gerados como resultado do monitoramento e das medições e de outras fontes pertinentes.

A análise de dados deve fornecer informações relativas a:

a) satisfação de clientes (ver 8.2.1);

b) conformidade com os requisitos do produto/serviço (ver 7.2.1);

c) características e tendências dos processos e produtos/serviços, incluindo oportunidades para ações preventivas; e

d) fornecedores.

8.5 Melhorias

8.5.1 Melhoria contínua

O hotel deve continuamente melhorar a eficácia do sistema de gestão da qualidade por meio do uso da política da qualidade, objetivos da qualidade, resultados de auditorias, análise de dados, ações corretivas e preventivas e análise crítica pela direção.

Comentários Gerais Sobre as Seções da ISO 9001:2000 e Sua Aplicação na Hotelaria

A nova estrutura de tópicos da ISO:9001-2000 procurou classificar os requisitos mandatórios em seções específicas, o que pode ser visualizado a seguir:

Seção 4 – Sistema de Gestão da Qualidade

Objetivo Principal:

Fornecer à organização uma sistemática documentada para tratamento das diversas atividades necessárias para o seu negócio.

Principais Assuntos Tratados:
- Processos.
- Manual da Qualidade.
- Procedimentos Documentados.
- Controle de Documentos.
- Registros da Qualidade.

Comentários Gerais

Nesta seção de abertura da norma, o que se procurou fazer foi concentrar os requisitos de documentação, básicos para a aplicação de um sistema de gestão da qualidade a qualquer organização. São três grandes requisitos nesta seção:

- Documentação do sistema (política, objetivos, procedimentos e manual da qualidade);
- Controle desta documentação;
- Controle dos registros da qualidade.

Cabe inserir um conceito importante, principalmente para aqueles que estão tomando contato pela primeira vez com a ISO 9001:2000, sobre a diferença entre Documento e Registro. Documentos estabelecem geralmente as políticas e regras de trabalho do hotel, e são apresentados através de procedimentos, normas internas, manuais de operação, legislações aplicáveis, entre outros.

Já os Registros são um tipo especial de documento e mostram as evidências de realização ou não das diversas atividades de gestão do hotel. Exemplos de Registros da Qualidade em um hotel são:

- documentos de reservas;
- propostas;
- *vouchers;*
- pedidos de compras;
- comandas;
- relatórios de auditoria.

Seção 5 – Responsabilidade da Direção

Objetivo Principal:

Manter o sistema da qualidade "vivo", através de análises periódicas e planejamento adequado.

Principais Assuntos Tratados:
- Comprometimento.
- Política da Qualidade.
- Planejamento.
- Objetivos da Qualidade.
- Análise Crítica do Sistema.
- Responsabilidades.
- Foco no Cliente.
- Comunicação Interna.

Comentários Gerais

A seção 5 trata especificamente dos requisitos gerenciais do sistema da qualidade. Uma ênfase muito grande é dada ao requisito "análise crítica pela direção". Normalmente realizada através de uma reunião gerencial, a análise crítica do sistema deve considerar agora diversos assuntos como fonte de informação (resultados de auditorias, desempenho do sistema, etc.). Como resultado desta análise deve-se registrar as ações e decisões voltadas para quaisquer melhorias do sistema adotado. Recursos necessários devem ser definidos. Outro ponto de novidade, em relação à versão de 94, é a inclusão do requisito "comprometimento", fundamental para qualquer sistema da qualidade. A Política da Qualidade, norteadora do sistema da qualidade, continua recebendo atenção especial, e como novidade positiva podemos destacar o tratamento, mais claro agora, sobre atendimento de requisitos dos clientes e melhoria contínua. Objetivos devem ser estabelecidos e coerentes com a Política adotada. Ainda há a necessidade de mensuração destes. Alguns exemplos de possíveis objetivos da qualidade aplicáveis ao negócio da hotelaria:

- aumentar em x% o nível de satisfação dos clientes;
- aumentar em x% o nível de ocupação do hotel;
- aumentar em x% o número de hóspedes retornando ao hotel pela segunda vez;
- diminuir em x% o número de reclamações de clientes;
- reduzir o tempo de *check-in* em x%;
- reduzir o tempo de entrega do *room service* em x%.

Todos os indicadores acima devem ser referentes a um período de tempo preestabelecido. As reuniões de análise crítica devem avaliar periodicamente o desempenho destes dados e providenciar as devidas ações para eventuais correções de rota.

Outro ponto importante, e novo, é o fato de que a organização precisa manter uma sistemática para comunicação interna do sistema da qualidade. Os canais de comunicação, internos e externos, devem ser estabelecidos.

Seção 6 – Gestão de Recursos

Objetivo Principal:

Garantir que o sistema da qualidade tenha os recursos necessários para ser implementado, mantido e aprimorado.

Principais Assuntos Tratados:

- Recursos Humanos.
- Treinamento.
- Competências e Conscientização.
- Infra-Estrutura.
- Ambiente de Trabalho.

Comentários Gerais

A Gestão de Recursos ganhou uma seção particular na ISO 9001:2000. Como principal novidade nesta seção, destaca-se a necessidade de um melhor trabalho quanto à qualificação dos profissionais em relação a sua competência e habilidades requeridas. A eficácia da sistemática de treinamento deve ser medida para garantir que o programa de treinamento e de ações para aumentar a competência da equipe esteja mantido e funcionando efetivamente. Outro requisito que foi mais bem definido na versão 2000 foi o Ambiente de Trabalho. Neste requisito podemos considerar os fatores ergonômicos, de conforto e de segurança do trabalho. Recomenda-se, em especial na hotelaria, que sejam verificados quais requisitos legais são aplicáveis.

Seção 7 – Realização do Produto

Objetivo Principal:

Garantir que o produto/serviço executado atenda aos requisitos estabelecidos.

Principais Assuntos Tratados:

- Planejamento e Requisitos dos Produtos/Serviços.
- Análise crítica (vendas).
- Projeto e desenvolvimento.
- Compras.
- Produção e fornecimento de serviços.
- Rastreabilidade.
- Propriedade do cliente (pertences do hóspede).
- Preservação.
- Equipamentos de verificação.
- Comunicação com clientes.

Comentários Gerais

A Seção 7, a mais longa e complexa da nova norma, foi denominada de Realização do Produto por tratar de assuntos voltados ao planejamento, venda, projeto, aquisição, produção e entrega dos produtos ou serviços gerados pela organização. Não apresenta grandes novidades em termos de requisitos em relação à revisão de 94. Existe, sim, um melhor tratamento para o conceito de processo e inter-relação das atividades. A linguagem, apesar de estar melhor em relação à versão anterior, ainda privilegia a indústria e muitas vezes é de difícil entendimento para profissionais do segmento de serviços. Como novidade nesta seção destacamos a necessidade de estabelecer os requisitos dos produtos e serviços ofertados, em quatro características bem definidas:

a) requisitos declarados pelo cliente (por exemplo: tipo de apartamento, preferências pessoais, formas de pagamento, etc.);

b) requisitos não declarados, porém necessários (água quente no apartamento, segurança interna, manutenção preventiva, etc.);

c) requisitos legais (equipamentos de segurança, normas de higiene e manuseio de alimentos, etc.);

d) outros requisitos estabelecidos pelo hotel (horários de funcionamento das áreas, nível de iluminação, regras internas de conduta, etc.)

Para finalizar as novidades, foi incluído o tratamento para Comunicação com o Cliente, onde a organização deve estabelecer formas de comunicação nas seguintes situações:

a) informação dos serviços;

b) resposta a consultas (pedidos) e eventuais alterações (emendas); e

c) eventuais reclamações.

Seção 8 – Medição, Análise e Melhoria

Objetivo Principal:

Garantir, através vários sistemas de monitoramento, que o sistema da qualidade será melhorado continuamente, para atender aos requisitos estabelecidos.

Principais Assuntos Tratados:
- Satisfação dos Clientes.
- Análise de dados.

- Auditoria Interna.
- Monitoramento de processos e produtos.
- Serviço Não-Conforme.
- Ações Corretivas e Preventivas.
- Melhoria Contínua.

Comentários Gerais:

A Seção 8 trata exclusivamente dos mecanismos de monitoramento do sistema da qualidade. Como novidades podemos destacar:

- um melhor tratamento para a medição e análise da satisfação dos clientes;
- análise dos dados gerados pelo sistema da qualidade (ex. indicadores da qualidade, resultados operacionais, etc.); e
- necessidade da melhoria contínua.

Continuam fortes os elementos referentes a Auditoria Interna, Serviço Não-Conforme e Ações Corretivas, que fazem com que a organização possua um sistema de gestão eficaz, mesmo quando falhas são evidenciadas.

Correspondência entre NBR ISO 9001:2000 e NBR ISO 9001:1994

NBR ISO 9001:2000	NBR ISO 9001:1994
1 Objetivo	1
1.1 Generalidades	
1.2 Aplicação	
2 Referência normativa	2
3 Termos e definições	3
4 Sistema de gestão da qualidade (apenas título)	-
4.1 Requisitos gerais	4.2.1

NBR ISO 9001:2000	NBR ISO 9001:1994
4.2 Requisitos de documentação (apenas título)	
4.2.1 Generalidades	4.2.2
4.2.2 Manual da Qualidade	4.2.1
4.2.3 Controle de documentos	4.5.1 + 4.5.2 + 4.5.3
4.2.4 Controle de registros da qualidade	4.16
5 Responsabilidade da direção (apenas título)	
5.1 Comprometimento da direção	4.1.1
5.2 Foco no cliente	4.3.2
5.3 Política da qualidade	4.1.1
5.4 Planejamento (apenas título)	
5.4.1 Objetivos da qualidade	4.1.1
5.4.2 Planejamento do sistema de gestão da qualidade	4.2.3.
5.5 Responsabilidade, autoridade e comunicação	
5.5.1 Responsabilidade e autoridade	4.1.2.1
5.5.2 Representante da administração	4.1.2.3
5.5.3 Comunicação Interna	
5.6 Análise crítica pela direção (apenas título)	
5.6.1 Generalidades	4.1.3
5.6.2 Entradas para análise crítica	
5.6.3 Saídas para análise crítica	
6 Gestão de recursos (apenas título)	
6.1 Provisão de recursos	4.1.2.2
6.2 Recursos humanos (apenas título)	
6.2.1 Generalidades	4.1.2.2
6.2 Competência, conscientização e treinamento	4.18
6.3 Infra-estrutura	4.9

NBR ISO 9001:2000	NBR ISO 9001:1994
6.4 Ambiente de trabalho	4.9
7 Realização do produto/serviço	
7.1 Planejamento da realização do produto/serviço	4.2.3 + 4.10.1
7.2 Processos relacionados a clientes (apenas título)	
7.2.1 Determinação dos requisitos relacionados ao produto/serviço	4.3.2 + 4.4.4
7.2.2 Análise crítica dos requisitos relacionados ao produto/serviço	4.3.2 + 4.3.3 + 4.3.4
7.2.3 Comunicação com o cliente	4.3.2
7.3 Projeto e desenvolvimento (apenas título)	
7.3.1 Planejamento do projeto e desenvolvimento	4.4.2 + 4.4.3
7.3.2 Entradas de projeto e desenvolvimento	4.4.4
7.3.3 Saídas de projeto e desenvolvimento	4.4.5
7.3.4 Análise crítica de projeto e desenvolvimento	4.4.6
7.3.5 Verificação de projeto e desenvolvimento	4.4.7
7.3.6 Validação de projeto e desenvolvimento	4.4.8
7.3.7 Controle de alterações de projeto e desenvolvimento	4.4.9
7.4 Aquisição (apenas título)	
7.4.1 Processo de aquisição	4.6.2
7.4.2 Informação de aquisição	4.6.3
7.4.3 Verificação do produto/serviço adquirido	4.6.4 + 4.10.2
7.5 Produção e fornecimento de serviço (apenas título)	
7.5.1 Controle de produção e fornecimento de serviço	4.9 + 4.15.6 + 4.19

NBR ISO 9001:2000	NBR ISO 9001:1994
7.5.2 Validação dos processos de produção e fornecimento de serviço	4.9 4.8 + 4.10.5 + 4.12
7.5.3 Identificação e rastreabilidade	4.7
7.5.4 Propriedade do cliente	4.15.2 + 4.15.3 +
7.5.5 Preservação de produto/serviço	4.15.4 + 4.15.5
7.6 Controle de dispositivos de medição e monitoramento	4.11.1 + 4.11.2
8 Medição, análise e melhoria (apenas título)	
8.1 Generalidades	4.10 + 4.20.1 + 4.20.2
8.2 Medição e monitoramento (apenas título)	
8.2.1 Satisfação de clientes	
8.2.2 Auditorias internas	4.17
8.2.3 Medição e monitoramento de processos	4.17 + 4.20.1 + 4.20.2
8.2.4 Medição e monitoramento do produto/serviço	4.10.2 + 4.10.3 + 4.10.4 + 4.10.5 + 4.20.1 + 4.20.2
8.3 Controle de produto/serviço não-conforme	4.13.1 + 4.13.2
8.4 Análise de dados	4.20.1 + 4.20.2
8.5 Melhorias (apenas título)	
8.5.1 Melhoria contínua	4.1.3
8.5.2 Ações corretivas	4.14.1 + 4.14.2
8.5.3 Ações preventivas	4.14.1 + 4.14.3

Conclusão

O perfil das gestões em hotéis está mudando rapidamente. Não importa quais ferramentas os diretores, donos e gerentes estarão utilizando. Mas certamente algo diferente DEVERÁ ser feito.

Os tempos são outros, não existe mais lugar para o amadorismo e para a desorganização organizada.

As ferramentas apresentadas aqui, ou apenas as suas idéias conceituais básicas, são parte integrante de qualquer bom cardápio de gestão administrativa e estratégica.

Caso o leitor não tenha conseguido perceber nenhuma utilização destes mecanismos empresariais para seu negócio, sugiro que procure outros alternativos. Mas NUNCA fique parado esperando que as coisas aconteçam.

Não existe mais TEMPO para este tipo de reação.

A HORA é de arregaçar as mangas e partir para a luta da COMPETITIVIDADE.

Lembre-se de que a COMPETITIVIDADE é SAUDÁVEL (como muitos dizem por aí) somente para aqueles que conseguem manter-se COMPETITIVOS e VIVOS no mercado.

Tenho certeza de que o leitor entendeu esta mensagem, portanto vá em frente e muito

SUCESSO!

Leitura Recomendada

The Environment Dictionary – Kemp, David – Routledge – 1998.

Environmental Management for Hotels – Sec.Edition IHEI – Butterworth – 1996.

Environmental Good Practices in Hotels – IHRA – 1992.

ISO 14000 – Lamprecht, James – Amacom – 1997.

O Manual do Líder – Scholtes, Peter – Qualitymark Editora – 1999.

The Spirit To Serve – Marriott, J. W. – Harper Bussiness – 1997.

Diferenciar ou Morrer – Trout, Jack – Futura – 2000.

Human Dynamics – Seagal, Sandra e Horne, David – Quali- tymark Editora – 1998.

Recycling and Source Reduction for the Lodging Industry – AHMA.

Padronizando o Sistema da Qualidade na Hotelaria Mundial – Lamprecht, James e Ricci, Renato – Qualitymark Editora – 1997.

A Importância do Ser Você Mesmo – Katcher, Allan – Atlas Editora – 1985.

Sobre o Autor

Renato Ricci, *hóspede e turista profissional*, é consultor de gestão de negócios com mais de dez anos de experiência na área, auditor de gestão da qualidade e de gestão ambiental pelo PE Batalas do Reino Unido. Tem realizado diversos seminários e palestras, no Brasil e no Exterior, ao segmento de serviços, especialmente na área de hotelaria. Entre os seus clientes destacam-se *Carlson Wagonlit Travel-Grupo Accor, Rede Tropical de Hotéis, Grande Hotel Águas de São Pedro, Grande Hotel Campos de Jordão, Faculdades de Turismo e Hotelaria do SENAC, DHL*, entre outros. Coordenou a implementação do primeiro projeto de gestão ambiental – ISO 14001 em hotelaria no Brasil, é membro da ASQ-American Society for Quality (EUA) e autor de diversos livros na área, entre eles *"Padronizando o Sistema da Qualidade na Hotelaria Mundial"*, publicado pela Qualitymark Editora. É diretor executivo da Qualitec Hotelaria, empresa de consultoria e treinamento especializada no segmento de hospitalidade, e afiliada ao IBCO – Instituto Brasileiro de Consultores de Organização.

Contate o Autor

Você pode enviar seus comentários sobre o livro, caso interessantes sobre a hotelaria, ou mesmo suas críticas. Terei imenso prazer em me comunicar com você.

Obrigado pela preferência de ter escolhido este trabalho como instrumento de ajuda, ou de diversão. Espero que lhe tenha sido útil.

Um grande abraço.

Renato Ricci

Email – renatoricci@qualitec-consultoria.com.br
Tel. (0xx11) – 3965-6743 – Fax. (0xx11) – 3966-8369
Visite nossa home page – www.qualitec-consultoria.com.br

OUTROS TÍTULOS SUGERIDOS

PADRONIZANDO O SISTEMA DA QUALIDADE NA HOTELARIA MUNDIAL

Autores: James Lamprecht e Renato Ricci
ISBN: 85-7303-170-0
Páginas: 144
Formato: 16 x 23cm

Os autores falam sobre o hotel, de seus diferentes tipos de hóspedes, com suas respectivas preferências, e de alguns bons e maus exemplos dos serviços prestados. São explicadas a aplicação da Série ISO 9000 à industria hoteleira, e ainda, a aplicação da ISO 9002 aos setores de restaurantes e cozinhas.

GUIA PRÁTICO ISO 9000

Autor: Renato Ricci
ISBN: 85-7303-072-0
Páginas: 88
Formato: 9 x 13,5cm

Tire suas dúvidas quanto às Normas ISO 9000 com Renato Ricci. Ele mostra a maneira correta de ler e interpretar os requisitos exigidos em cada item da Norma ISO 9001/94, neste pequeno guia que ainda indica uma bibliografia variada sobre o assunto.

LANÇAMENTO 2005

Ih, Pirei!

SOBREVIVENDO ÀS NEUROSES DO MUNDO CORPORATIVO

Autor: Renato Ricci
ISBN: 85-7303-594-3
Páginas: 160
Formato: 16 x 23cm

Com muito humor, Renato Ricci debate as neuroses no trabalho e em casa, a relação chefe-colaborador, medos e inseguranças do dia-a-dia. O autor viaja pelos meandros do mundo corporativo com o propósito de provar que todos são neuróticos, em graus diferentes e de formas distintas. O livro oferece, ainda, a possibilidade de o leitor medir seu Grau de Neurose Corporativa, através de um questionário simples e divertido.

Entre em sintonia com o mundo

QualityPhone:
0800-263311
Ligação gratuita

Rua Teixeira Júnior, 441
São Cristóvão
20921-400 – Rio de Janeiro – RJ
Tel.: (0XX21) 3860-8422
Fax: (0XX21) 3860-8424

www.qualitymark.com.br
E-Mail: quality@qualitymark.com.br

Dados Técnicos

- Formato: 16 x 23
- Mancha: 12 x 19
- Corpo: 11
- Entrelinha: 13
- Fonte: Bookman Old Style
- Total de Páginas: 184